5000만 원으로
트렌디한
**주점&BAR
창업하기**

5000만 원으로
트렌디한

주점&BAR
창업하기

한국창업컨텐츠연구소(KSCP) 지음

한스미디어

들어가며

요즘도 주점·바(bar) 창업이 돈이 돼요?

주점의 역사는 경제 성장의 역사와 맥을 같이한다. 1970년대 고도성장을 거친 우리나라는 1980년대 호황을 누리면서 주점의 황금시대를 맞이한다. 당시 맥주와 위스키의 판매량이 늘기 시작했고, 펍^{pub}이나 바^{bar} 등 다양한 형태의 주점도 늘어났다. 1990년대 들어서는 외국계 패밀리 레스토랑이 국내에 진출했는데 일본식 이자카야가 문을 연 것도 이때다. 국민소득이 늘면서 맥주 시장이 커졌고 생맥주를 판매하는 호프집이 큰 인기를 누렸다.

주점업이 활성화된 이후 오늘날과 같은 형태로 자리 잡은 것은 2000년대 들어서면서부터다. 그전에는 없었던 민속주점과 요리주점, 꼬치집, 실내 포장마차, 소주방 등의 수가 큰 폭으로 늘었고 주점과 바를 창업하는 이들의 수도 증가했다. 제조업이나 외식업에 비해 비교적 창업이 쉽기 때문이다. 주점과 바를 수익률 또한 높은 업종에 속한다. 이 때문에 퇴직한 베이비

부머 세대가 창업 아이템으로 주점이나 바를 선택하는 경우가 많다.

　여기에 세계 금융위기 이후 우리나라 또한 경제침체현상을 겪으면서 생계형 창업 아이템으로 바를 선택하는 창업자들이 늘어났다. 자영업자가 차고 넘치는 국내 창업 현실에서 주점 영업 또한 치열한 경쟁이 벌어지는 레드오션이 된 것이다.

　시장이 포화 상태이기도 하지만 엇비슷한 형태의 주점이 많고, 프랜차이즈 가맹점이 난립해 치열한 경쟁 상황에 돌입했다고 해도 과언이 아니다. 게다가 주점과 바는 불황에 가장 먼저 타격을 받는 업종이다. 경기가 어려우면 가정에서 술을 소비하면서 유흥에 쓰는 돈이 줄어들 수밖에 없다. 전국에 호프집만 해도 대략 10만 개가 넘는다는 게 업계의 분석이다. 상위 20%의 주점이 전체 시장규모의 80% 이상을 점유한 현실에서 주점 창업은 더 이상 '창업만 하면 월급쟁이보다 나은' 업종으로 볼 수 없게 되었다.

하지만 폐업하는 가게가 있으면 개업하는 가게가 있다. 망하는 주점이 있다면 성공하는 주점도 있게 마련이다. 주점·바의 흥망성쇠는 과거나 현재에도 반복되고 있다. 장사를 잘하는 '대박집'의 비결은 업종을 막론하고 동일하다. 겉모습이 아닌 내실을 보고 뛰어들어서 철저하게 준비한 사람만이 성공을 거둔다는 얘기다.

만약 직장에 다니면서 주점·바 창업을 고민하고 있다면 네 가지 사항을 반드시 점검해봐야 한다. 첫째, 자신이 주점 창업 외에는 먹고 살 방법이 없는가. 둘째, 자신이 개업하려는 주점을 그 지역의 상위 10%에 해당하는 주점으로 만들 수 있는가. 셋째, 서비스에서 최고급 주점을 만들기 위해서는 어떤 준비가 필요한가. 넷째, 자본과 시설, 인력, 경영 마인드 등 주점을 완벽하게 개업할 준비가 되었는가.

이러한 사항을 심사숙고한 뒤에 모든 요소가 갖춰져 있다면 창업을 해도 좋다. 한 가지라도 문제가 생긴다면 주점 창업을 다시 고민해봐야 한다. 주점 창업을 준비하면서 예측 가능한 문제점을 완벽하게 대비하고, 만약의 상황에 발생할 수 있는 위험에도 대처할 수 있는 사람만이 성공할 수 있다.

주점과 바는 술이 아닌 마음을 파는 장사다. 어제보다 오늘, 오늘보다 내일 더 성장하기 위해 노력하는 사람들에게 기회는 언제나 주어지는 법이다. 내 가게를 갖고 싶다는 절박한 마음으로 주점·바 창업을 준비하는 사람들에게 성공의 기회는 반드시 찾아올 것이다.

들어가며 요즘도 주점·바 창업이 돈이 돼요? • 4
주점·바 창업자를 위한 체크리스트 • 10

Part 01
사장님이 들려주는 리얼 창업 스토리

01 레스토랑식 주점 | 서울 마포구 웃으러 • 14
    단골만 가는 술집

02 수제맥주 전문점 | 서울 관악구 앨리웨이 • 28
    고객의 개성에 맞춘 수제맥주

03 크래프트 맥주 전문점 | 경기 의정부시 맥협 • 42
    고객과 친구가 되는 술집

04 캐주얼펍 | 서울 중구 노가리블루스 • 56
    좋아서 차린 술집

05 실내 포장마차 | 서울 강동구 청춘포차 • 70
    전수 창업의 노하우

06 생맥주 전문 | 서울 송파구 크레이지온펍 • 84
    주점으로 투잡하기

07 아메리칸 펍 | 경남 김해시 토크테이블 • 98
    동네 사람들이 가는 주점

08 캐주얼펍 | 서울 강남구 디케이펍 • 112
    전대로 매출 만회하기

Part 02
실전에서 바로 써먹는 알짜배기 창업 수칙

01 주점 창업의 첫걸음 • 128
    창업 자금은 얼마나 필요할까? | 경쟁력 있는 주점 만들기

02 숨겨진 알짜배기 상권 찾아내기 • 143
    입지 선정의 기본 원칙 | 좋은 입지를 고르는 법 | 권리금, 없는 것보다 있는 게 낫다
    부동산 권리금의 종류 | 점포 계약 시 주의할 점 | 전용면적과 임대면적의 차이

03 매출 올려주는 인테리어는 따로 있다 • 164
    인테리어, 어떻게 하면 좋을까? | 주방 설비 시 주의사항은?
    주점 운영에 필요한 집기

04 창업 전 1개월이 성공을 좌우한다 • 174
    안주 매출을 우습게 여기지 마라 | 시행착오를 줄여주는 실전 영업 노하우
    손님이 늘어나는 장사 노하우 | 메뉴 연구를 하라
    위기 때 도움을 주는 멘토를 만들어라

주점·바 창업자를 위한 체크리스트

창업 준비

- 새로 생긴 주점이 있으면 꼭 가본다.
- 성공을 위해서라면 자존심을 버릴 수 있다.
- 성격이 긍정적이고 자기 자신을 잘 드러낸다.
- 기획하고 분석하는 일을 잘한다.
- 유사 업종, 특히 자영업 경험이 있다.
- 경쟁심이 센 편이다.
- 업무 지시를 해본 경험이 있으며 효율적으로 일한다.
- 타인을 잘 설득하는 편이다.
- 창업 박람회나 사업 설명회, 창업 강좌 등에 참석해본 경험이 있다.

점포 및 아이템 선정

- 점포의 넓이와 형태, 폭은 적당한가?
- 도로에 접해 있는가?
- 고객 전용 주차장이 마련되어 있는가?
- 설비에 문제가 없는가?
- 관리비, 공과금 등이 높지 않은가?
- 지역에 충분한 유동인구가 있는가?
- 유행에 영향을 받는 아이템은 아닌가?
- 관리와 운영을 쉽게 할 수 있는 아이템인가?
- 해당 아이템의 차별화된 경쟁력을 갖추고 있는가?
- 해당 아이템의 향후 발전 가능성을 검토해보았는가?

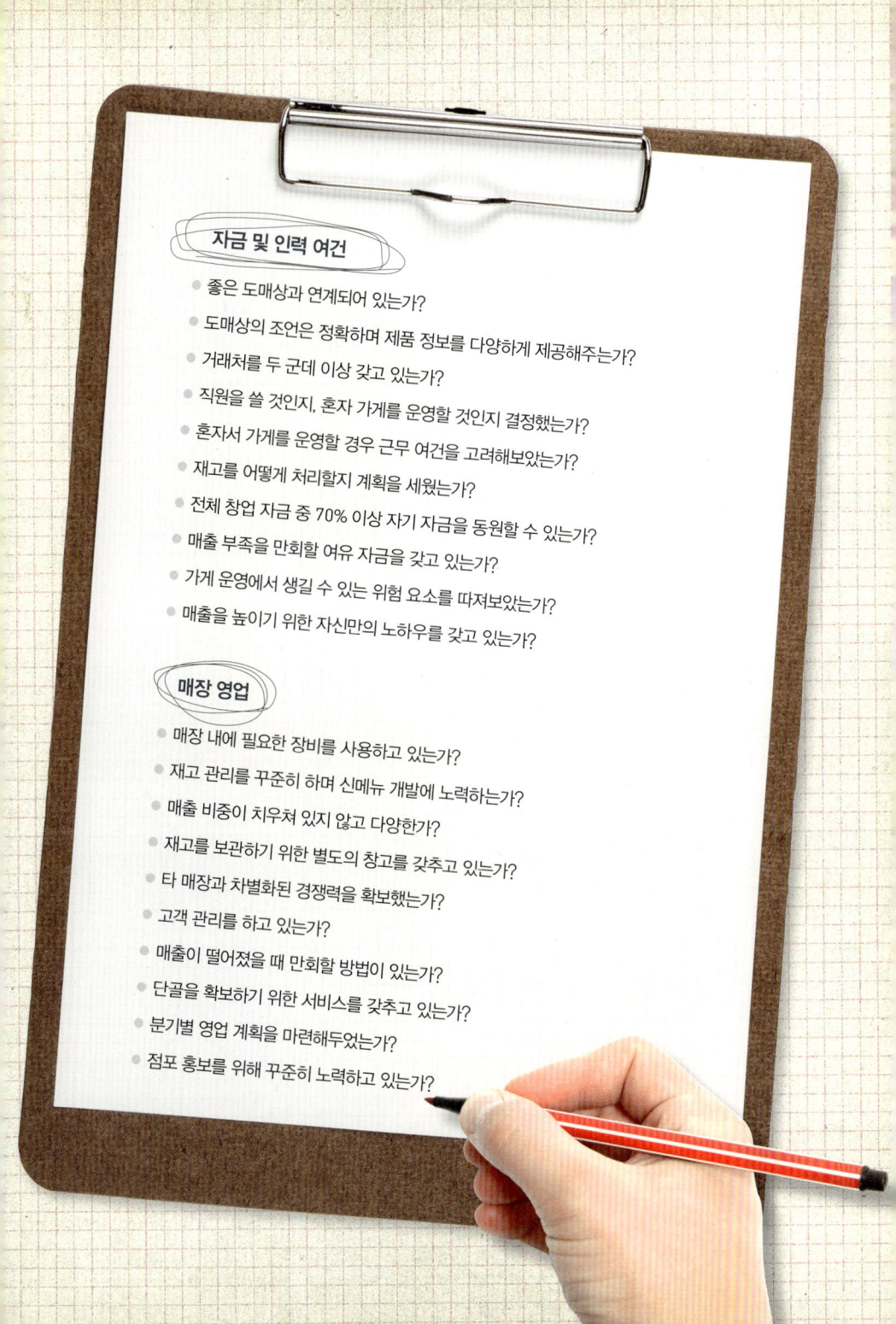

자금 및 인력 여건

- 좋은 도매상과 연계되어 있는가?
- 도매상의 조언은 정확하며 제품 정보를 다양하게 제공해주는가?
- 거래처를 두 군데 이상 갖고 있는가?
- 직원을 쓸 것인지, 혼자 가게를 운영할 것인지 결정했는가?
- 혼자서 가게를 운영할 경우 근무 여건을 고려해보았는가?
- 재고를 어떻게 처리할지 계획을 세웠는가?
- 전체 창업 자금 중 70% 이상 자기 자금을 동원할 수 있는가?
- 매출 부족을 만회할 여유 자금을 갖고 있는가?
- 가게 운영에서 생길 수 있는 위험 요소를 따져보았는가?
- 매출을 높이기 위한 자신만의 노하우를 갖고 있는가?

매장 영업

- 매장 내에 필요한 장비를 사용하고 있는가?
- 재고 관리를 꾸준히 하며 신메뉴 개발에 노력하는가?
- 매출 비중이 치우쳐 있지 않고 다양한가?
- 재고를 보관하기 위한 별도의 창고를 갖추고 있는가?
- 타 매장과 차별화된 경쟁력을 확보했는가?
- 고객 관리를 하고 있는가?
- 매출이 떨어졌을 때 만회할 방법이 있는가?
- 단골을 확보하기 위한 서비스를 갖추고 있는가?
- 분기별 영업 계획을 마련해두었는가?
- 점포 홍보를 위해 꾸준히 노력하고 있는가?

Part
01

사장님이
들려주는
리얼 창업 스토리

01
웃으러

레스토랑식 주점 | 서울 마포구 웃으러

단골만 가는 술집

- 이름 웃으러
- 위치 서울 마포구 연남동 564-40
- 개업 2008년 6월
- 보증금 1000만 원
- 규모 50평
- 특징 사장이 그때그때 만들어주는 특별 안주

웃으러는 장사를 잘하려면 손님의 입장에서 생각해봐야 한다는 기본을 지키는 곳이다. 뜨내기보다 단골이 많고, 단골로 안정적인 매출을 올리고 있다는 점에서 예비창업자가 배울 점이 많다.

우리 가게 스토리

송수현 사장은 2008년에 홍대에서 900만 원으로 작은 주점을 개업했다. 홍대 중심가에서 조금 떨어진 연남동의 주택가에서였다. 권리금 1500만 원을 대출받아 아는 사람을 동원해 인테리어를 했다. 그때 만든 가게 이름이 '웃으러'이다. 장사해서 번 돈으로 수저를 사고, 조금 돈이 남으면 의자 같은 집기를 사들일 만큼 형편이 열악했지만 첫 달부터 매출이 나쁘지 않았다.

하루 30만 원에서 시작한 매출이 고비를 넘으면서부터 50만 원, 어느새 70만 원 고지를 넘었다. 아무것도 없는 상태에서 시작했기에 장사는 더 잘 됐다. 하지만 건물주는 그 틈을 놓치지 않고 월세를 올렸다. 송 사장은 어쩔 수 없이 사채를 썼다. 1000만 원을 빌렸는데 대출 이자가 20~30%를 넘었다. 그때 웃으러의 단골손님인 한 출판사 대표가 도움을 주었다. "1년치 술값으로 2000만 원을 낼 테니 가게를 알아보라"는 거였다. 그 후 주변 지인들의 도움으로 한 출판사 건물의 지하 공간을 보증금과 권리금 없이 빌릴 수 있었고, 평생 장사할 수 있는 보금자리를 마련하게 되었다.

웃으러는 단골손님이 점차 많아져 연남동에서 꽤 이름난 주점이 되었다. 20~30대 젊은 계층보다 30~40대가 주요 고객층이다. 너그럽고 호탕한 성격인 송 사장은 손님들이 원하는 음식은 망설이지

송 사장은 소품 하나에도 신경을 썼다.

Points!

공간이 넓어서 가게 야외공간에서 결혼식을 하기도 하고 공연을 할 때도 있다.

우리 가게 인테리어 비용은?
의자 및 테이블, 각종 소품: 1000만 원
싱크대: 15만 원
전자레인지, 오븐: 200만 원 등
기타 잡비: 300만 원
총: 1500만 원

않고 즉석에서 척척 내놓는다. 없는 재료는 근처 마트에서 사다가 만들어줄 정도로 손님을 가족처럼 대해주는 웃으러의 창업 경쟁력은 무엇일까?

● 왜 이 점포를 선택했나?

홍대 주변에는 점포 권리금이 너무 비쌌다. 아주 싼 가게가 3000~4000만 원 선이어서 엄두가 나지 않았다. 점포는 휴머니스트 출판사 대표를 우연히 소개받아 얻은 곳이다. 원래는 출판사에서 북카페 용도로 지하를 비워두었는데, 출판사 측에서 북카페만으로는 장사가 되지 않을 것 같아서 음식도 할 수 있는 사업자를 찾았다고 한다. 입주한 지는 2년 되었는데 출판사 직원처럼 소속되어 장사하고 있다. 공간이 넓어서 가게 야외공간에서 결혼식을 하기도 하고 공연을 할 때도 있다. 공간 자체가 주는 낭만적인 매력도 크다.

● 인테리어 어떻게 할까?

주점 창업에서 소품은 굉장히 중요한 요소다. 웃으러의 매장 콘셉트는 '빈티지'로 정의할 수 있다. 낮에는 카페, 저녁에는 주점으로 운영되므로 카페처럼 세련되기만 해서도 안 되고, 주점

> **창업 시크릿**
>
> **가게 분위기는 음악이 좌우한다**
> 인테리어를 잘하는 방법은 자료를 충분히 수집하는 것이다. 인터넷으로 자신이 원하는 콘셉트에 맞는 사진을 추려낸 뒤 그 사진들을 모아서 이미지화하는 식으로 개념을 잡아나간다. 이보다 더 중요한 게 음악이다. 사람들은 긴장을 풀기 위해 주점을 찾으므로 음악으로 손님들의 마음을 녹이는 게 중요하다. 웃으러에서는 그날 손님층에 맞는 음악을 신중하게 고른다. 음악 선곡 리스트와 매장의 분위기가 균형을 이뤄야 한다.

처럼 지나치게 가벼운 분위기여도 안 된다. 송 사장은 소품 하나하나에 신경을 쓰려고 노력했다. 나무 탁자는 예전 가게의 벽체를 뜯어서 만든 것이다. 전부 옛날 목재를 사용했다.

웃으러에 있는 빈티지 소품들은 송 사장이 직접 남대문 시장에서 발품을 팔아 사 모은 것들이다. 매장 안에는 특히 조명이 많은데 실내에서 야외로 이어지는 동선 곳곳에 초를 배치했다. 손님들이 왔을 때 최대한 편안하고 로맨틱한 분위기를 만들어주기 위해서다. 인테리어 비용을 아끼기 위해 목수인 지인의 도움을 받았다.

● 내가 겪은 시행착오는?

처음에 가게 콘셉트를 미리 정하고 인테리어를 하려고 했던 게 실수였다. 가게 콘셉트는 인테리어 과정에서 얼마든지 바뀔 수 있다. 그 자리에서 무엇이든 할 수 있다는 생각으로 내부를 꾸미다 보면 그 가게에 맞는 아이템이 나오기 마련이다. 웃으러 역시 이러한 시행착오를 거쳐서 가게 콘셉트를 인테리어에 맞게 바꾸었다.

와인을 잘 몰랐던 사장이 손님에게 성급하게 와인을 추천한 것도 실수였다. 손님이 와인에 만족하지 않으면 권해준 사장이 책임을 져야 한다. 이때 손님에게 몇 가지 와인 중 한 가지를 고르도록 하면 부담이 훨씬 덜하다. 직원을 뽑을 때는 절대 아는 사람을 쓰면

가게 콘셉트는 인테리어에 맞게 정하세요.

Works

Points!

주점의 실내와 실외 분위기가 달라 낮에는 카페처럼 활용하기도 한다.

안 된다. 사장과 직원의 관계를 유지하기 위해서는 모르는 사람을 채용하는 것이 훨씬 좋다.

● 메뉴·매출 관리

웃으러의 메뉴는 '좋겠다'와 '모르겠다'로 나뉜다. 좋겠다는 코스 요리로 1인당 2만 5000원에 네 가지 메뉴를 만들어주는 것이다. 모르겠다는 상대적으로 저렴한 메뉴인데 사장이 마음 끌리는 대로 그때그때 안주를 만들어주는 것이다. 쥐포를 구워주기도 하고 샐러드나 피자를 내놓을 때도 있다. 코스 요리는 한 달 예약이 꽉 찰 정도로 손님들에게 인기가 높다.

권리금이나 보증금을 아낀 만큼 다른 주점보다 메뉴 단가를 1000~2000원 낮출 수 있었다. 가격을 정할 때는 원자잿값에 덧붙여야 할 원가 요인이 많다. 맥주 한 병이 1200원이라면 세금과 카드 수수료를 더한 값에 인건비와 전기세, 가스비 등을 더해 원가에 약 세 배가량을 소비자가격으로 매긴다.

주점은 사람이 자원인 업종이므로 메뉴 가격을 터무니없이 낮추면 장사하기가 어렵다. 송 사장은 '마진율은 원가의 세 배'의 원칙을 지키려고 노력한다. 낮에는 음료를 팔기도 하는데 주력 메뉴가 아니므로 드립커피만 내놓고 있다. 커피는 코스트

> **창업 시크릿**
>
> **주점 창업은 나이 든 이들에게 더 유리한 분야다**
>
> 주점 경영은 흔히 젊은 사람이 잘 할 것으로 생각하지만 나이 든 사람이 더 유리한 분야다. 인생 경험이 풍부해 사람을 상대할 줄 알고 누구라도 편하게 대해줄 수 있는 여유가 있기 때문이다. 나이 많은 창업자가 주의해야 할 부분은 고객에게 권위적으로 굴면 안 된다는 점이다. 손님과의 유대를 통해 가게에 믿음을 줄 수 있는 시니어라면 주점 창업에 적합하다.

호출벨 하나도 디자인에 신경을 썼다.

코에서 구입한 원두를 쓴다. 수익을 남기기 위해 파는 메뉴라기보다 고객 서비스 차원에서 원가로 판매하고 있다.

● 나만의 영업 방법?

웃으러는 출판사에 보증금과 권리금을 따로 내지 않고 월세만 내고 건물을 쓰므로 출판사도 고객이나 마찬가지다. 출판기념회나 저자 미팅 자리가 있으면 웃으러에서 식사를 준비하고 장소를 제공한다.

웃으러가 처음 영업을 시작했을 때는 블로그 홍보 마케팅을 2회 정도 했다. 40만 원을 쓰면 파워블로거 6명이 와서 식사하고 블로그에 포스팅을 해준다. 온라인 홍보의 경우 연말연시 단체 고객이나 장소 대관 등 단기간에 효과를 내기에 좋다. 페이스북 홍보도 꾸준히 하고 있다. 주점의 경우 특별한 홍보가 필요하다기보다는 입소문이 중요하다.

가게에 온 손님 한 사람, 한 사람이 기분이 좋게 즐기고 나가도록 하는 게 숙제다. 웃으러의 음식을 먹고 기분이 상한 고객이 있다면 돈은 받지 않는다. 사장이 할 수 있는 최고의 마케팅이다. 장사가 한순간에 잘 될 거라는 기대를 버린다면 손님을 VIP로 대우하는 것이 성공 노하우라고 볼 수 있다.

주점 홍보는 입소문이 가장 중요하다.

Points!

웃으려는 문화예술계 유명인들의 출판기념회 장소로도 사용된다.

Shop

나만의 필살기

장사 수완은 타고나는 부분이 크다. 송 사장은 손님들 눈치를 잘 보고 누가 불편한지 재빨리 파악한 다음 기분을 풀어주는 능력이 뛰어나다. 한 번은 버섯 볶음 피자를 주문한 고객이 피자가 짜다고 해서 와인 한 병을 선물했더니 화가 금방 풀렸다.

손님이 마음을 상하게 하더라도 인간적으로 정중하게 대해야 한다. 손님이 먹고 싶은 음식이 있다면 메뉴에 없더라도 재료를 사다가 만들고 음식이 맛이 없다고 하면 언제든지 다시 요리해줄 수 있는 정성이 필요하다. 고객은 불편하다는 말을 입에 달고 사는 존재다. 자리가 마음에 안 드는 고객에게는 어떻게 해서든 편한 자리로 바꿔주려고 노력한다. 가게에 불만이 있는 고객도 만족할 수 있도록 세심함을 갖고 장사하는 게 중요하다.

창업 비법 전수

술 먹는 손님에게는 관대해야 한다. 술을 팔고 있으면서도 손님이 만취한 모습을 보기 싫어하는 사장도 있다. 가끔은 사장이 손님과 가볍게 한잔하는 것도 좋다. 사장도 손님과 똑같은 술 애호가라는 것을 손님에게 알릴 필요가 있다. 항상 따뜻하고 상냥한 태도를 갖춰야 하는 것은 기본이다. 고객이 주점을 찾는 이유는 쉬고 싶고, 스트레스를 풀고 싶기 때문이다. 고객을 만족시키지 못하면 주점이 있어야 할 필요가 없다. 음식이 꼭 맛있어야만 하는 것도 아니다. 음악에 신경 쓰고 분위기 조성만 잘하면 누구나 안주를 만들어 팔 수 있다.

이런 사람이 창업하라

사람을 진심으로 대하고 인간에 대한 예의를 지킬 줄 아는 사람이 적합하다. 손님에게 애정을 가진 사장이 되는 게 중요하다. 손님의 인상착의나 특징, 좋아하는 음악 등을 메모해두었다가 이를 기억해줄 수 있는 사람이면 된다. 손님과 친구가 될 수 있는 사람, 손님에게 만족을 주려는 사람이라면 창업에 성공할 수 있다. 또 흥이 많고 유쾌하며, 성격이 예민하지 않고 둥글둥글한 사람이 적합하다.

월 매출액: 2500만 원
임대료: 200만 원
재료 구입비: 300만 원, 400~500만 원 주류
인건비: 450만 원
잡비: 150만 원
월 순수익: 700만 원

웃으러

앨리웨이

수제맥주 전문점 | 서울 관악구 앨리웨이

고객의 개성에 맞춘 수제맥주

- 이름 앨리웨이
- 위치 서울 관악구 낙성대동
- 개업 2014년 6월
- 보증금 2000만 원
- 규모 25평
- 특징 양조장에서 직접 가져오는 수제맥주

주점을 창업할 때 동업하면 성공할 수 있을까? 가장 이상적인 동업 관계는 무엇일까? 앨리웨이를 보면 동업의 단점은 가리고 장점을 극대화해 시너지 효과를 얻는 방법을 알 수 있다. 그것은 두 사람이 가장 잘할 수 있는 분야에서 제 몫 이상을 소화해내는 것이다.

우리 가게 스토리

이현석, 조영록 두 사장은 오랜 친구 사이다. 이 사장은 노량진에서 족발집을 5년 동안 운영한 경력이 있으며 조 사장은 부산에서 백화점 영업사원으로 일했다. 이 둘은 30세에 의기투합해서 제대로 된 장사를 하기 위해 창업 아이템을 고민하다가 최근 유행하는 '스몰비어' 콘셉트의 주점을 떠올렸다고. 맥주 마니아인 두 사람은 돈을 벌기 위해서는 음식점보다 술장사가 낫다는 생각에서 창업을 결심했다.

이태원 수제맥주 가게를 돌면서 맥주 맛을 분석한 후 수제맥주가 여전히 일부 마니아들에게만 알려졌다는 걸 알았다. 지금까지는 수제맥주보다 생맥주를 파는 곳이 더 많다. 이 사장은 향후 수제맥주가 생맥주를 대체할 창업 아이템으로 틈새시장을 개척할 수 있다고 판단했다. 수제맥주는 생맥주보다 맛이 좋지만 가격이 다소 비싼 게 흠이다. 상권에 대한 욕심을 버리고 대학가에서 저렴한 가격으로 수제맥주를 팔면 승산이 있겠다는 계산이었다.

이 사장이 노렸던 가장 핵심적인 경쟁력은 바로 가격. 동네 상권에서 이태원보다 저렴한 가격에 수제맥주를 파는 '박리다매' 전략을 썼다. 이태원 수제맥주와 동급인 맥주를 5000원대에 판매한다는 건 확실히 괜찮은 영업 전략이었다. 메뉴 가격 역시 주머니 사정이 가벼운 대학생들에게 맞게 마진율을 최대한 낮

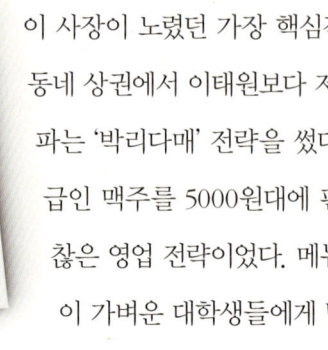

입구에 홍보 간판을 놓아 고객을 매장으로 이끈다.

Points!

수제맥주의 신선도를 유지하기 위해 까다롭게 관리한다.

Shop

우리 가게 장비 구입 비용은?
테이블 및 의자 구입비: 190만 원
주방집기 구입비: 350만 원
전기공사: 270만 원
벽화 작업비: 80만 원
에어컨 구입비: 290만 원
소방 설비: 150만 원
기타 인테리어 비용: 2670
총: 4000만 원

쳤다. 이 덕분에 오픈한 지 얼마 되지 않았지만, 지역의 명소로 입소문이 나기 시작했다. 두 사장의 영업 노하우는 분명했다. 질 좋은 수제맥주를 합리적인 가격에 팔아서 최대한 많은 고객을 끌어모은다는 것이다.

> **창업 시크릿**
>
> **수제맥주는 재고 관리가 중요하다**
> 수제맥주는 특성상 재고를 많이 남겨두지 못한다. 정해진 초도 물량이 있다. 냉각기에 보관하는 생맥주와 달리 냉장 보관으로 신선도를 유지해야 하고, 냉장고에 들어갈 수 있는 분량이 정해져 있어서 하루 이틀 간격으로 조금씩 매입하는 게 요령이다. 그렇지 않으면 맥주가 상할 수도 있다.

● **왜 이 점포를 선택했나?**

두 사장은 주점 창업에서 준비된 창업자였다. 이 사장은 음식을 잘해 안주 메뉴를 만들고, 조 사장은 술을 전문적으로 관리했다. 처음에는 신대방삼거리역, 이수역, 당산역 주변을 입점 후보 지역으로 삼았다. 단골이 없는 신규 창업이었기에 유동인구가 많으면서도 권리금이 비싸지 않은 곳을 정하는 게 관건이었다. 현재 가게가 있는 서울대입구역 부근 지하매장은 원래 요리주점이었다. 권리금이 없는 대신 가게 콘셉트에 맞게 철거해야 하는 상황에서도 두 사장은 대학생이 많고 먹자골목이 근처에 있는 가게의 매출을 높일 자신이 있었다고 한다.

● **인테리어 어떻게 할까?**

지하에 점포를 얻은 건 권리금을 아끼기 위한 것도 있지만, 이태원 맥줏집 분위기를 벤치마킹한 부분이 더 크다. 인테리어

자재는 편안하면서도 거친 느낌을 내기 위해 원목을 일부러 배제했다. 두 사장은 공사하기 전 수많은 인테리어 업자를 만났는데, 지인을 통해서 소개받은 업자에게는 요구사항을 엄격하게 전달하기 어려웠다고 한다. 발로 뛰면서 여러 업자를 만나는 과정에서 인테리어에 대한 지식을 얻었다. 그러다 보니 견적을 뽑거나 설계하는 과정에 자연스럽게 관여하게 되었고, 도면을 캐드로 그려 업자에게 요구할 만한 수준까지 되었다.

인테리어 과정에서 가장 힘들었던 부분은 설비. 지하 매장이라 조명이 많이 필요했는데 기존 점포는 전기 한도가 5kw에 불과했다. 가게를 운영하기 위해 필요한 전력 10kw를 만들기 위해서는 설비 증설이 필요했다. 전선을 모두 바꾸고 소방설비까지 구축하는 과정에서 고생을 많이 했다. 지하 매장은 12평 이상이면 반드시 스프링클러를 설치해야 하는데 스프링클러 간격이 맞지 않으면 구청에서 영업허가를 내주지 않는다. 화장실과 환풍구를 만드는 것부터 집기 하나까지 사장의 손이 가지 않은 곳이 없다. 주방용품은 황학동 시장과 인터넷 중고장터 카페에서 구매했다. 인터넷으로 물건을 살 때는 불량이 없고 A/S가 되는 물건인지 확인해야 한다.

동업은 역할 분담이 중요하죠.

● **메뉴·매출 관리?**

두 사장은 타 주점에서 판매하

Shop

는 수제맥주의 경쟁력을 알기 위해 강남과 이수, 홍대 등으로 시장조사를 다녔다. 라거 맥주를 기본으로 스트롱에일이나 골든에일 같은 맥주를 다뤄보고 싶었다고 한다. 생맥주에 익숙한 고객은 수제맥주를 여전히 비싸다고 인식하지만, 두 사장은 자체 마진율을 줄여서라도 판매 단가를 낮춰보기로 했다. 이태원 수제맥주 가게에서 우연히 수제맥주를 전문적으로 하는 양조장 전화번호를 알게 되었고, 몇 군데에 전화를 건 끝에 한 양조장에서 질 좋은 수제맥주를 받을 수 있었다.

양조장과 연락을 처음 할 때 단번에 쉽게 거래할 수 있을 것으로 생각하면 안 된다. 먼저 맥주의 맛을 꼼꼼하게 보고, 공장장의 설명을 들으면서 매입을 해도 좋을지 판단한다. 위생적이고 깨끗한 시설에서 만든 맥주의 맛이 더 좋을 수밖에 없다.

Points!
양조장은 위생적이고 깨끗한 곳으로 신중하게 결정한다.

두 사장은 맥주 단가 역시 신중하게 결정했다. 맥주를 들여오고 나서는 안주 메뉴를 짰다. 맥주에 어울리는 피자 메뉴를 선보였고 느끼한 메뉴를 싫어하는 고객을 위해 샐러드를 따로 만들었다.

이 사장은 안주를 제대로 만들기 위해 타 매장에서 아르바이트했던 경력이 있다. 감자튀김을 만들 때 국내산 감자가 아니라, 미국산 감자를 써야 한다는 것도 아르바이트하면서 배웠다. 가정용 요리를 할 때는 국내산 감자가 쓰기 좋지만, 안주용으로는 미국산 감자가 식감도 좋고 요리하기 쉽다.

주점 매출은 긴 호흡으로 봐야 한다. 창업자들은 첫 달 매출이 잘 나오면 좋아하는데, 오픈발로 매출이 높은 게 꼭 좋은

곳곳에 디퓨저를 놓아 좋은 향이 나도록 했다.

것만은 아니다. '첫 달 매출로 3개월을 버틴다'는 말도 있지만 첫 달 매출에 대한 기대치가 클수록, 이후 매출이 떨어졌을 때 창업주가 버티지 못하고 좌절하는 경우도 많기 때문이다. 매출은 시간이 갈수록 천천히 오르는 게 낫다. 수제맥주의 경우 마진율은 나쁘지 않은 편. 한 잔에 5000원에 판매하는 수제맥주의 원가는 약 1800원 정도. 안주류 마진율은 원가의 30% 선이다. 하루 평균 매출은 30만 원에서 많을 때는 100만 원까지 오르기도 한다.

● **내가 겪은 시행착오는?**

처음 장사를 할 때는 사람을 관리하는 일이 어렵다. 인테리어 공사를 할 때도 마찬가지. 공사기간은 일주일이면 충분하다. 하지만 내 마음에 드는 인테리어가 딱 나오는 경우는 별로 없다. 인테리어 역시 사람이 하는 일이므로 실수와 시행착오가 생길 수밖에 없다. 인테리어를 할 때는 예상 기간을 넉넉하게 잡고, 초기 설계단계부터 자신이 원하는 바를 업자에게 정확히 설명해주는 게 좋다. 단순히 말로 설명하지 말고 사진을 보여주거나 손으로 스케치해서 콘셉트를 말해주면 업자들도 더 빨리 이해한다.

막연한 느낌으로 인테리어를 하는 게 가장 위험한 방식이다. 그러면 결과물에 대해 실망하게 된다. 공사하는 동안에는 매일

인테리어를 맡길 때는 사진을 보여주며 구체적으로 요구해야 한다.

현장에 나와보는 게 좋다. 처음에는 몰랐던 점이지만, 공사 도중에라도 마음에 들지 않는 부분을 말하면 수정이 가능하다.

음식 맛에 대한 시행착오도 있다. 메뉴를 개발할 때는 지인을 불러서 음식 품평회를 열어야 한다. 이때 지인의 친구를 함께 불러서 맛을 객관적으로 평가받는 게 중요하다. 피자를 만든다면 사이즈뿐 아니라 토핑 재료나 데코레이션까지 고려해 완성도를 결정한다.

● 나만의 고객 관리법?

매장에 한 번 왔던 고객은 놓치지 않으려고 한다. 특히 수제맥주는 사람들에게 알려지지 않았기 때문에 개업 이후 한 달 동안은 고객에게 수제맥주를 자세히 설명했다. 이 사장은 2~3개월 동안 단골손님을 확보한 뒤 그들의 재방문율을 높이는 데 주력했다. 매장에 온 고객 중 70~80%는 재방문을 한다.

앨리웨이에서는 주로 소비 성향이 강한 20~30대 여성 고객들에게 초점을 맞췄다. 여성 고객은 분위기나 위생을 중요시하므로 매장 관리를 더 철저하게 해야 한다. 사장이라고 해서 카운터만 지키는 게 아니라 고객에게 먼저 말을 건네는 등 친분을 쌓기 위해 노력한다. 이 사장은 모든 손님에게 안주 서비스를 해준다. 단순히 메뉴 하나를 공짜로 주는 것보다 진심을 보여주기 위해 노력하는 편. 손님에게 진심을 보여주면 쉽게 단골로 만들 수 있다고 한다.

Shop

나만의 필살기

손님에게는 즐겁게 대하려고 노력한다. 주점에서는 웃음과 유머가 중요한 영업 포인트이다. 수제맥주를 처음 맛본 고객에게는 맥주를 설명해주고, 수제맥주를 맛있게 먹는 법도 알려준다. 손님에게 큰 소리로 먼저 다가가 인사하는 것은 결코 쉬운 일이 아니다. 앨리웨이에서는 손님들끼리도 친구가 되는 경우가 많다. 서로 모르는 얼굴끼리 친구가 되려면 사장이 중재자가 되어야 한다.

요리 경험이 풍부한 이 사장이 직접 안주를 만드는 것도 경쟁력이다. 복잡하지 않은 단순한 메뉴로 구성된 안주는 손님들의 취향에 맞게 개선해나가고 있다. 샐러드는 처음에는 판매량이 좋지 못했지만 고객에게 보완할 점을 물어 소스와 데코레이션에 변화를 준 결과 매장에서 가장 잘 나가는 메뉴가 되었다.

창업 비법 전수

어떤 창업 분야든지 사람 관리가 가장 중요하다. 손님이 많아질수록 동업자 간 관계, 사장과 손님 관계, 손님과 손님 관계를 매끄럽게 만들어주는 게 중요하다. 때로는 관리 소홀로 맥주 맛이 떨어질 때도 있는데, 호스 위생상태를 청결하게 관리해서 맥주의 선도와 맛을 유지한다.

영업할 때 프로모션이나 이벤트를 자주 하는 것도 좋지 않다. 오픈 기념 이벤트를 한다고 30%씩 할인하면, 원래 가격으로 돌아왔을 때 고객들의 심리적인 반발이 커진다. 할인보다는 안주 서비스를 하나 더 주는 게 효과가 있다.

이런 사람이 창업하라

사람 만나는 걸 좋아하고 어울릴 줄 아는 사람이 주점 창업에 잘 어울린다. 어떤 고객에게든 편하게 다가갈 수 있는 사람이 적합하다. 현재에 안주하기보다 경쟁하고 발전하는 일을 끊임없이 모색할 수 있는 사람이라면 성공할 확률이 높다. 요리할 줄 알고 장사 수완까지 있다면 금상첨화다.

월 매출액: 2500만 원
임대료: 150만 원
재료 구입비: 900만 원
인건비: 48만 원
영업관리비: 50만 원
월 순수익: 1350만 원

앨리웨이

03 맥협

크래프트 맥주 전문점 | 경기 의정부시 맥협

고객과 친구가 되는 술집

- 이름 맥협
- 위치 경기 의정부시 의정부동
- 개업 2014년 1월
- 보증금 500만 원
- 규모 9평
- 특징 국내에서 찾아보기 어려운 크래프트 맥주

맥협은 크래프트 맥주에 관심 있는 20대 청년들이 의기투합해 만든 주점이자 맥주협동조합이다. 새로운 것에 도전하는 크래프트 맥주의 정신처럼 의정부 내에서 새로운 맥주문화를 만들어가자는 취지로 열 명의 젊은이가 공동 출자를 해 사업을 시작했다. 수익과 어려움을 함께 나누며 지금 당장이 아닌 5년 뒤의 성공을 내다본 투자를 하고 있다.

우리 가게 스토리

주점의 문화적 요소를 고민하는 세대는 20대 청년층이다. 맥주를 좋아하는 학생과 직장인, 사업하는 이들이 모인 자리에서 시작된 맥협은 색다른 주점을 만들어보자는 취지로 열 명이 출자금을 내 만들었다.

처음에는 소박하게 세미나룸을 빌려 맥주에 관해 토론하는 자리였던 것이 시간이 흐르면서 홍대나 이태원에서 맛볼 수 있는 크래프트 맥주와 그 문화를 의정부에 도입해보자는 의도로 바뀌었다. 의정부에 유명한 맥줏집이 없는 것도 맥협의 창업을 부추겼다.

열 명 중 시간적 여유가 있는 서너 명의 사업자가 중심이 되어 근무하면서 수익과 손해를 함께 나누기로 했다. 출자금은 50만 원에서 200만 원까지 다양하다. 수익이 목적이라기보다 의정부 내에서 맥협의 존재를 사람들에게 알리는 게 목표였다. 2014년 1월에 문을 연 맥협은 크래프트 맥주를 비롯해 보드카, 소주, 안주류를 판매하고 있다. 유동인구가 많은 먹자골목에 있지만 수제맥주가 낯선 이들에게는 평범한 호프집처럼 보일 수도 있다.

맥협을 창업한 사장들 역시 1년을 준비기간으로 삼고 주점 운영을 알리는 데 중점을 두고 있다. 맥협은 개업 이후 단골손님이 늘고 마니아층이 생기면서 의정부 내에서 인지도가 높아지고 있다. 지금까

기존 점포에 있던 주방 집기를 그대로 살렸다.

Points!

이곳을 크래프트 맥주 애호가들의
열린 공간으로 만들었다.

Shop

우리 가게 장비 구입 비용은?
테이블 및 의자 구입비: 37만 원
페인트값: 5만 원
주방집기는 없다.
기타 인테리어 비용: 없다.
총: 42만 원

지는 수익금을 전액 매장에 재투자하는 상황이지만 의정부 내 다른 주점과 연계해 색다른 수제맥주 행사를 기획하고, 더 많은 이들에게 크래프트 맥주의 가치를 알리면 5년, 8년 뒤 맥주협동조합으로써 더 많은 점포를 낼 수 있을 것으로 본다.

창업 시크릿

나이 든 취객을 조심하라

젊은 사람이 주점을 창업할 때 겪는 어려움 중 하나는 나이 든 고객이 술에 취해 시비 걸 일이 많다는 것이다. 특히 혼자서 술을 마시러 온 고객은 만취 상태에서 계산을 거부하거나 행패를 부리는 일도 있다. 폐점 시간에 가까워서 혼자 술을 마시러 온 고객은 받지 말고, 과하게 술을 마시는 걸 보면 고객에게 말을 거는 것도 방법이다.

● **왜 이 점포를 선택했나?**

처음에는 서울 대학가에 가게를 내는 게 목표였다. 하지만 대학가는 점포 권리금이나 임대료가 비싸서 의정부 내에서 창업하자고 마음을 돌렸다. 점포를 구하기까지는 한두 달 정도 걸렸다. 그러던 중 급하게 자리가 난 곳이 전통주점 자리였다. 주방 집기나 내부 시설물이 그대로인 상황에서 권리금이 없는 점포라 주점을 인수하기에 적당하다고 생각했다.

크래프트 맥주를 알리기 위해서는 상권에 욕심을 내야 했지만, 장사 경험이 없는 상황에서 큰돈을 투자하기가 조심스러운 면도 있었다. 이곳은 상권이 없는 곳에서 상권을 만들어보자는 생각에서 입지를 정한 곳이다. 크래프트 맥주를 소비하는 주요 고객층은 20~30대 젊은 계층이지만 시끌벅적하고 사람이 많은 곳보다는, 아는 사람만 아는 조용한 가게를 얻고 싶었다고.

● **인테리어 어떻게 할까?**

주점 창업 시 인테리어에 큰 비용이 든다는 걸 알고 있었지만 돈을 투자할 만한 여력이 없었다고 한다. 하지만 주변에 동업자들이 많았으므로 인테리어를 직접 했다. 벽지를 뜯고 페인트를 바르는 것까지 역할 분담을 했다. 매장을 꾸밀 때는 각자 가지고 있는 소품을 가져와서 배치했다. 인테리어를 한 번에 완성했다기보다는 시간을 두고 천천히 보완해나갔다. 홍대나 이태원의 펍 매장에 가서 인테리어를 살펴보고 벤치마킹하기도 했다.

Points!

인공적인 느낌보다 사람 냄새가 나는 주점을 만들고 싶어서 자연스러움을 강조했다.

주변에서는 인테리어 업자에게 맡기는 게 더 나을 거라고 조언하기도 했지만, 인공적인 느낌보다 사람 냄새가 나는 주점을 만들고 싶어서 자연스러움을 강조했다. 바닥은 따로 공사하지 않았다. 가게 간판은 기존 간판에 현수막을 싸서 꾸민 것이다. 테이블과 의자는 중고로 구입했고 가스레인지와 오븐 등 주방 집기는 이전 점포에서 쓰던 걸 그대로 활용했다. 유리잔은 주류 도매상에서 지원받아서 무료로 사용하고 있다. 의자와 테이블은 폐업하는 주점에서 개당 7000원에 들여왔다.

● **내가 겪은 시행착오는?**

주점을 찾는 고객 중에는 단골손님도 있고 뜨내기도 있다. 처음에는 어떤 사람을 단골손님으로 구분해야 하는지 판단

Works

Points!

맥협은 국내에서 쉽게 맛볼 수 없는 다양한 외국 맥주를 갖추었다.

하기 어려웠다고 한다. 한 외국인은 크래프트 맥주를 좋아해서 가게에 자주 놀러 왔는데, 호의적으로 대화하다가도 어느 날은 만취 상태에서 행패를 부려 당황했던 적도 있다. 술을 좋아하고 크래프트 맥주 정신을 사랑하는 사람은 주점에서 절대로 과음하지 않는다. 고객이 자기 주량을 지키면서 적당히 거리 두기를 할 줄 아는 사람이면 단골손님이 될 확률이 높지만, 처음부터 폭음하며 친밀함을 과시하는 사람은 오히려 경계할 필요가 있다.

> **창업 시크릿**
>
> **음식 연습도 고객이 있을 때 한다**
> 보통 고객 앞에서 사장이나 점원이 식사를 하면 흉이라고 생각한다. 맥협에서는 고객과 사장이 실시간으로 소통하는 문화가 있다. 사장이 밥을 먹을 때 고객이 오면 같이 밥을 먹으면서 친해진다. 새로운 메뉴가 나오면 사장이 요리하면서 품평을 부탁할 겸 고객에게 무료로 제공한다. 비싼 술은 아니더라도 매장에 희귀한 술이 들어오면 고객과 나눠 마실 때도 있다. 이러한 작은 것들이 모여서 주점의 소통 문화를 만들어낸다.

● **메뉴·매출 관리?**

크래프트 맥주는 가격이 천차만별이다. 한 병에 3000원짜리 맥주부터 2만 원을 넘는 맥주까지 다양하다. 맥협에서는 인건비와 임대료 부담을 덜고 마진율을 낮춰 합리적인 가격에 맥주를 판매하고 있다. 한 병에 2만 원인 맥주를 맥협에서는 1만 원에 판다. 8000원에 들여와 2000원만 남기고 파는 셈이다.

맥협은 외부 음식 반입이 허용되므로 안주 매출이 많지는 않은 편이다. 하지만 특별한 날에는 매장에서 음식이나 수제 불고기를 만들어서 손님에게 대접한다. 월 매출은 300~400만 원 내외로 임대료와 가게 운영비만 남을 정도로 낮지만, 손님

동업자 각자가 내놓은 물건을 인테리어 소품으로 썼다.

들이 꾸준히 늘고 있어 앞으로 매출은 더욱 높아질 것으로 기대한다.

● **나만의 고객 관리법?**

크래프트 맥주를 좋아하는 마니아들이 늘어나면서 인터넷에도 크래프트 맥주 관련 동호회가 많다. 맥협에서 기획한 이벤트는 카페를 통해 홍보하고 있다. 최근에는 입장료 2만 원만 내면 무제한으로 맥주를 마실 수 있는 이벤트를 기획해 좋은 반응을 얻기도 했다. 흔한 맥주가 아닌 독특한 수제맥주를 좋아하는 이들이 이벤트에 참여하면서 맥협의 인지도 역시 높아지고 있다. 이벤트에 참여한 고객들의 연락처를 확보한 뒤 수시로 문자를 보내고, 매장에 한 번 이상 방문한 고객은 단골로 만들기 위해 노력하고 있다.

Points!

가끔 무제한 맥주 제공 행사를 열기도 한다.

의정부 안에서는 맥협처럼 자유로운 분위기에서 술을 마실 수 있는 곳이 드물다. 멀리 노원이나 종로 쪽에서 찾아오는 고객도 있다.

김휘은 사장은 크래프트 비어를 더 많은 이들에게 소개하면서 자연스럽게 입소문 효과를 내고 있다. 주점 창업을 준비하는 이들 중 크래프트 비어에 관심을 갖고 맥협에 가입하려는 이들도 생겨났다. 점포 주변 캐주얼 레스토랑에 크래프트 비어를 납품하면서 맥협을 알리고 있다.

Points!

안주 반입을 허용하고 손님이 원하는 안주를 만들어주기도 한다.

Shop

나만의 필살기

크래프트 맥주가 시장의 일부분을 점유하고 있으므로 잠재 수요는 무궁무진하다는 점을 노리고 있다. 김휘은 사장은 맥협을 주점 문화의 새로운 전범으로 만들고 차별화된 경쟁력을 갖추기 위해 노력 중이다. 프랜차이즈 주점과 달리 점원이 손님에게 수동적으로 서빙을 해주는 게 아니라, 사장이 손님과 함께 술을 마시면서 자연스럽게 친구가 되는 것이다. 손님이 없을 때에도 술을 좋아하는 친구들을 불러 파티를 하면서 주점을 홍보하고 있다.

맥협의 남다른 경쟁력은 이태원에서 판매하는 수제맥주와 같은 맥주를 쓴다는 것이다. 이 맥주는 향이 진하고 독특한 카브류 계열이다. 일반 맥주와 달리 풍미가 진해 한 입만 마셔도 존재감을 확실히 느낄 수 있다. 엇비슷한 맥주 맛을 지루해했던 고객들은 크래프트 맥주에 열광한다.

매장에서 직접 개발한 수제 안주도 맥협의 경쟁력이다. 창업자 세 명이 함께 주점에서 즐겨 먹는 안주를 선별해 메뉴에 올렸다. 바비큐 그릴에 숯을 피워서 구워주는 불고기가 인기 메뉴다. 메뉴에 없는 안주라도 고객이 먹고 싶은 음식이 있으면 그때그때 만들어주는 편이다.

창업 비법 전수

주점은 '재미'가 있는 공간이다. 고객이 심각한 얼굴로 찾아와서 술을 마시고 가는 공간이라고 생각하지 마라. 주점을 하면서 금전적인 이익만 따지는 것도 좋지 않다. 최근 스몰비어나 맥주창고 콘셉트의 주점이 인기를 얻는 것도 '재미는 있으면서 가격 부담 없는 술집'에 대한 수요가 늘고 있기 때문이다. 앞으로 주점은 고객에게 재미를 줄 수 있어야만 살아남을 수 있다.

월 매출액: 500만 원
임대료: 60만 원
재료 구입비: 200~300만 원
인건비: 없음
잡비: 13만 원
월 순수익: 129만 원

이런 사람이 창업하라

어떤 이들은 열 명이 함께 창업해서 이익이 얼마나 남느냐고 하지만, 창업 초보자라면 위험 부담을 줄이는 차원에서 동업도 나쁘지 않다. 여럿이 함께 창업하면 투자 금액의 부담은 적고 성공했을 때, 수익도 함께 가져갈 수 있다. 특히 20대 주점 창업자라면 동업으로 창업해보라고 꼭 권해주고 싶다.

맥협

04
노가리블루스

캐주얼펍 | 서울 중구 노가리블루스

좋아서 차린 술집

○ **이름** 노가리블루스
○ **위치** 서울 중구 필동2가 96-3
○ **개업** 2013년 6월
○ **보증금** 1000만 원
○ **규모** 20평
○ **특징** 사장이 직접 구워주는 노가리 안주

때로는 단순함이 복잡함을 이긴다. 주점 창업을 한다고 해서 거창하게 메뉴를 개발하고 가게를 어떻게 꾸려나갈지 고민하는 것보다 자신이 좋아하는 메뉴를 주력으로 내세워 승부를 걸면 개성이 뚜렷해지는 법이다. 노가리블루스는 사장이 취미로 즐겨 먹던 안주와 좋아하는 맥주를 손님에게 내놓겠다는 단순하지만 실속 있는 주점으로, 현재 매출을 올리고 있다.

우리 가게 스토리

노가리블루스가 영업하는 자리는 원래 오토바이 가게였다. 동네에 오래 머물면서 필동 주변 맛집을 꿰뚫고 있던 조운 사장은 해물집으로 유명한 '필동 해물' 옆자리에 빈 점포가 났다는 말에 '술집이나 한번 해볼까' 하는 마음으로 가게를 얻었다.

장사를 해본 적은 없었지만 그동안 주점과 카페, 당구장, 편의점 등에서 틈틈이 아르바이트를 해왔던 터라 장사를 잘할 자신은 있었다. 주점을 업종으로 선택한 이유는 연극배우 생활을 하며 저녁 시간을 활용하기에 좋아서였고, 조사장이 노가리를 좋아하는 애주가이기 때문이기도 했다.

노가리블루스가 있는 지역은 주변 상권이 좋은 편은 아니다. 인쇄소 골목으로 불리는 이곳은 불과 3~4년 전만 해도 상권이 아예 없었다고 해도 과언이 아니다. 하지만 인쇄소 특유의 분위기와 필동의 정취가 어우러진 뒷골목을 찾는 이들이 하나둘씩 늘기 시작했고, 통행량이 많아지면서 상권도 조금씩 살아나기 시작했다.

노가리블루스가 입점하기 전부터 이미 동네 곳곳에 족발 전문점과 이자카야, 카페 등이 들어서며 상권을 만들고 있었다. 조 사장은 처음에는 노가리블루스를 단순히 연극인들의 사랑방 역할을 하는 곳으로 만들려고 했다. 아르바이트하는 것보다 수입

애주가들을 위해 다양한 종류의 술을 갖춰 놓았다.

Points!

빈티지 가구로 꾸며진 매장은 아늑한 느낌이 든다.

Shop

우리 가게 장비 구입 비용은?
도배: 70만 원
전기공사: 30만 원
주방집기 구입: 400만 원
주방공사: 1000만 원
테이블 및 의자 구입비: 200만 원
총: 1700만 원

이 나오면 다행이라는 소박한 생각으로 시작했고, 연극인 후배들과 함께 꾸려나가면 가게를 안정적으로 운영할 자신이 있었다.

공연 일정이 없는 후배가 가게 문을 열면 10시가 넘어 조 사장이 마감하는 식이다. 몇 명이 동업하니 생각했던 것보다 술집 운영이 쉬웠다고 한다. 매출도 꽤 잘 나오는 편이다. 연극인에서 사장으로 변신한 조 사장이 말하는 장사의 법칙은 무엇일까?

> **창업 시크릿**
>
> **주류 매입가를 알고 있어라**
> 주점을 창업할 때 주류회사에 부탁하면 잔과 냉장고를 무료로 빌릴 수 있다. 다른 주류회사와 견적을 비교한 다음 가격 협상을 하면 저렴한 가격에 술을 들여올 수 있다. 주류업체를 모르겠거든, 평소 자주 가는 주점의 사장에게 소개를 받고 거래처를 확보하는 것도 방법이다.

● **인테리어 어떻게 할까?**

처음에는 이렇다 할만한 인테리어를 하지 않고 가게를 시작했다. 조 사장은 간판을 달고 페인트를 칠하면 그만이라고 생각했다. 인테리어 소품도 온라인 중고 카페를 통해 얻어온 것이다. 을지로 가구점에서 버린 의자와 지인이 버린 물건을 가져다 꾸민 게 매장 집기가 되었다. 하지만 가게에 온 손님들에게 노가리블루스의 인테리어는 인기가 많다. 막무가내로 가져온 것 같은 집기에도 사장의 취향이 배어 있기 때문이다. 빈티지 그릇을 사기 위해 하루가 멀다고 황학동에 발품을 팔았던 경험과 남대문을 꼼꼼하게 다닌 것만 봐도, 조 사장이 인테리어에 꽤 까다로운 사람이라는 걸 알 수 있다.

노가리블루스는 내부 구조가 독특하다. 7평 규모의 1층 매장 한쪽에는 2층 다락방으로 통하는 좁은 계단이 있다. 계단을 따라 올라가면 1층이 내려다보이는 비밀 공간이 나타난다. 주로 단골이 찾아올 때 문을 여는 2층 또한 곳곳에 인상적인 인테리어 소품이 배치돼 있다. 조 사장은 노가리블루스의 인테리어를 '이국적인 분위기', '현재가 아닌 과거의 어떤 분위기'라고 설명했다. 단골손님들 역시 그런 분위기에 취해 가게를 찾는다.

● 내가 겪은 시행착오는?

노가리는 어떻게 굽느냐에 따라 맛이 좌우된다. 조 사장은 처음에 연탄불에 구워 파는 노가리를 만들어보려고 화덕을 설치하고 영업했지만, 연탄가스 때문에 주변에서 민원이 들어와 일주일 만에 포기할 수밖에 없었다. 화덕을 대체하기 위해 전기화로를 썼는데 생각보다 제맛이 나지 않았다고 한다. 시행착오를 반복한 끝에 숯으로 연탄을 대체했다. 가스버너를 활용해 숯에 불을 붙이면 노가리를 맛있게 구울 수 있다는 걸 알게 됐다.

노가리에 적정하게 조미하는 과정에서도 시행착오가 많았다. 구이용으로 알맞은 노가리를 찾기 위해 서울에 있는 시장을 돌면서 노가리의 크기와 상태를 비교한 뒤 결정했다. 조 사장은 전주에서 올라온 황

주점은 경험 많은 사람이 성공하죠.

Works

Points!

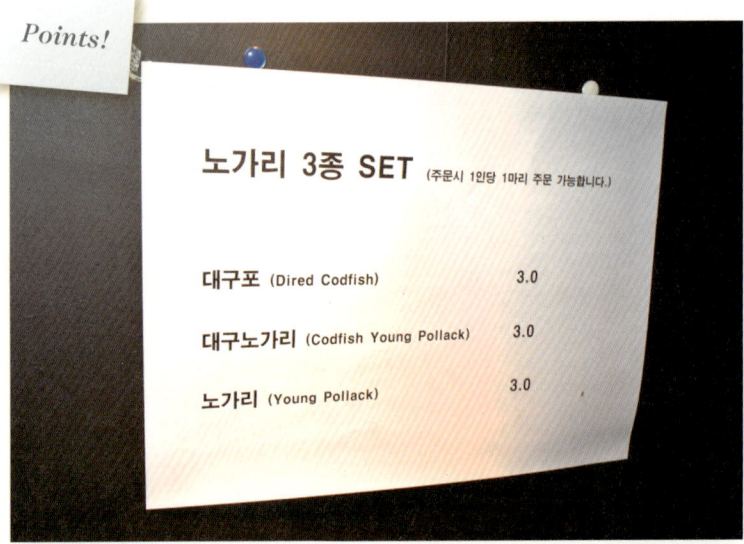

노가리 3종 SET (주문시 1인당 1마리 주문 가능합니다.)

대구포 (Dired Codfish)　　　　3.0

대구노가리 (Codfish Young Pollack)　　3.0

노가리 (Young Pollack)　　　　3.0

생맥주와 어울리는 마른안주를 전문으로 취급한다.

태포 노가리가 조미해서 굽기 딱 알맞다는 걸 알았다. 노가리는 맥주와 함께 먹을 때 가장 맛있는 상태로 구워야 한다.

> **창업 시크릿**
>
> **장사는 멀리 봐라**
> 매장 주변 환경이 열악하다고 해서 고민할 필요는 없다. 앞으로 발전 가능성이 어느 정도인지 따져보는 게 중요하다. 조운 사장은 주변 인쇄소 골목이 하나의 문화 트렌드로 성장할 것으로 생각하고 노가리블루스를 창업했다. 가게 주변과 골목을 가꿔나가는 것이 중요하다.

● **메뉴·매출 관리?**

노가리블루스는 주력 메뉴가 단순하다. 노가리와 생맥주가 전부다. 생맥주는 여러 가지 브랜드가 있지만 조 사장은 오비 생맥주만 고집한다. 노가리와 함께 먹었을 때 가장 맛이 좋기 때문이다. 생맥주는 비교적 저렴한 가격에 매입해 맥주 한 잔을 3500원에 판매했다. 맥주의 맛을 최상으로 유지하기 위해 하루에 두 번씩 필터 청소를 하고 그래도 맛이 떨어질 때는 회사에 전화를 걸어 다른 맥주를 요청한다.

안주 메뉴는 노가리 외에 먹태와 짝태, 건조오징어 등의 건어물이 있다. 감자튀김과 번데기, 황도도 있다. 조 사장이 평소에 즐겨 먹는 안주를 그대로 옮겨놓은 것. 건어물은 어떻게 찢어서 먹는지에 따라 맛이 달라지므로 이를 고객들에게 설명해준다고 한다. 처음에는 스테이크와 토마토 스파게티도 메뉴에 올렸지만, 지금은 판매하지 않는다. 재료의 신선도를 유지하는 게 쉽지 않은데다 재고가 많아 주점에서 팔기에는 부적절하다고 판단했다. 맥주와 안주를 정할 때는 '내가 손님이라면 이 가격에 사 먹을까?'라고 자문한 뒤 메뉴판에 올렸다고 한다.

OB 생맥주만 사용하고 있다.

생맥주와 노가리의 조합이 경쟁력이다.

● **나만의 고객 관리법?**

노가리블루스는 처음부터 1차 손님이 아니라 2차 손님을 주요 고객으로 삼았다. 가게는 오후 6시에 문을 열지만 실제로 오후 8시가 넘어야 손님들이 오기 시작한다. 노가리는 허기를 채운 뒤 부담 없이 맥주 한 잔과 곁들일 수 있는 아이템인 만큼, 맥주와 궁합이 맞는 노가리를 골라서 들여왔다. 조 사장은 처음에 최근 유행하는 수제맥주를 다뤄볼까 생각도 했지만, 단가가 높고 관리가 까다로운데다가 건어물과 더 잘 어울리는 술은 생맥주라는 생각에 이 둘로 특화를 했다. 고객들 역시 생맥주와 건어물의 조합을 익숙하게 여겨 지금은 노가리블루스만의 경쟁력으로 자리를 잡게 되었다.

복층 구조로 주점을 찾는 고객이 아지트에 온 듯한 기분이 든다

Shop

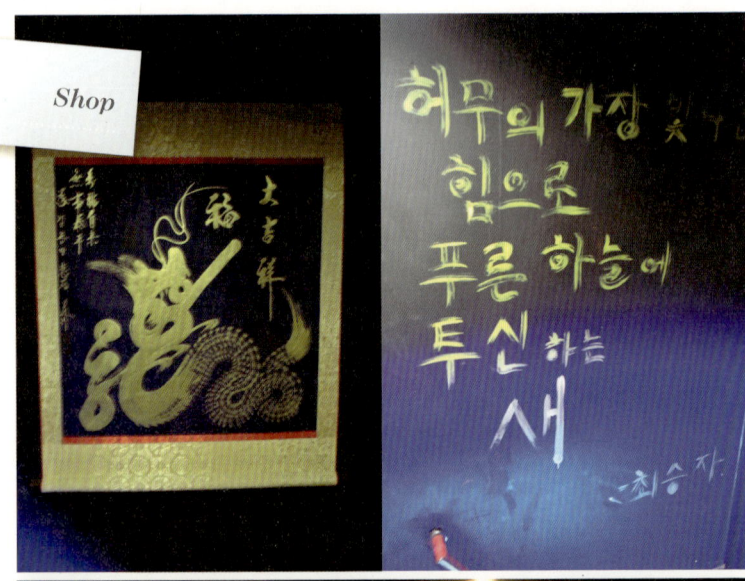

나만의 필살기

노가리블루스는 처음부터 1차 손님이 아니라 2차 손님을 주요 고객으로 삼았다. 가게는 오후 6시에 문을 열지만 실제로 오후 8시가 넘어야 손님들이 오기 시작한다. 노가리는 허기를 채운 뒤 부담 없이 맥주 한 잔과 곁들일 수 있는 아이템인 만큼, 맥주와 궁합이 맞는 노가리를 골라서 들여왔다. 조 사장은 처음에 최근 유행하는 수제맥주를 다뤄볼까 생각도 했지만, 단가가 높고 관리가 까다로운데다가 건어물과 더 잘 어울리는 술은 생맥주라는 생각에 이 둘로 특화를 했다. 고객들 역시 생맥주와 건어물의 조합을 익숙하게 여겨 지금은 노가리블루스만의 경쟁력으로 자리를 잡게 되었다.

창업 비법 전수

무엇보다 주점으로 성공하려면 주변에 조력자가 많아야 한다. 주점은 밤에 영업하지만 낮에도 할 일이 많다. 재료를 사서 다듬고 내부 인테리어도 끊임없이 개선해야 한다. 좋은 재료를 선별해 준비하는 것도 쉬운 일은 아니다. 이는 결국 매장 관리의 문제다. 낮에 다른 일을 하면서 매장 관리에도 신경 쓸 수 있는 여력이 있다면 투잡 아이템으로도 나쁘지 않다.

이런 사람이 창업하라

주점을 창업하려면 성격이 쾌활하고 사람 만나는 걸 즐기는 사람이 적당하다. 직원 관리를 융통성 있게 하려면 리더십도 좋아야 한다. 어떤 손님이 와도 그에게 맞게 서비스할 수 있는 넓은 마음이 필요하다. 손님에게 비굴하게 대하는 게 아니라 농담하면서 편안하게 대화를 나눌 수 있는 마음을 가져야 한다.

월 매출액: 2000만 원
임대료: 100만 원
재료 구입비: 750만 원
인건비: 250만 원
잡비: 45만 원
월 순수익: 800만 원

노가리블루스

05

청춘포차

실내 포장마차 | 서울 강동구 청춘포차

전수 창업의 노하우

- 이름 청춘포차
- 위치 서울 강동구 길동 394-9
- 개업 2013년 6월
- 보증금 1000만 원
- 권리금 없음
- 규모 10평
- 특징 포장마차에서 파는 안주

장사에도 단계가 있다. 처음부터 직원을 쓰면서 가게를 크게 운영하는 사람이 있는 반면, 혼자서 주점을 인수해 키워나가는 사람도 있다. 청춘포차 박성서 사장은 후자다. 실패 위험을 최소화하고 장사 경험을 쌓아 더 큰 매장을 준비하는 중간 과정을 거치고 있는 것이다. 창업에 자신이 없는 사람은 이런 단계별 창업을 해보는 것도 좋다.

우리 가게 스토리

서울 송파구 길목 먹자골목 상권에 자리한 청춘포차는 박성서 사장이 임대하기 전부터 사연이 많은 점포였다. 30대 젊은 연인이 주점을 차렸는데, 연인이 헤어지면서 50대 여사장이 운영권을 넘겨받고 3개월 장사하다가 다시 박 사장에게 가게를 넘겼다. 박 사장은 벽 곳곳에 LP판과 졸업장이 붙어 있는 선술집 분위기의 인테리어에 손을 대지 않았다.

길동 먹자골목은 송파구에서도 워낙 유명한 상권이지만, 청춘포차가 위치한 곳은 먹자골목 건너편에 조성된 지 얼마 안 된 신생상권이다. 즉, B급으로 분류할 수 있는 곳이다. 따라서 뜨내기보다 점포 앞을 지나는 주민을 단골손님으로 만드는 게 숙제였다.

박 사장은 영업 분야의 팔방미인이다. 동대문의 의류 도매 분야에서 일하다가 주점 창업을 해보고 싶어서 선술집에서 오랫동안 일했고, 프랜차이즈 치킨 카페에서도 일한 경력이 있다. 그는 상권에 대해 큰 기대는 하지 않았다고 한다. 주변에서 주점을 하는 사장들 역시 그에게 "돈을 벌기 위해 승부를 걸 만한 곳은 아니다"라고 조언을 해줬다. 박 사장은 점포 규모가 크고 테이블 회전율이 높은 대형 주점을 운영하기 전에 경험을 쌓는 심정으로 청춘포차를 넘겨받았다. 그리고 창업 후 1년 남짓한 시간이 흘렀다. 실비집으로 죽어가던 점포를

벽면은 자연스러운 느낌으로 꾸며놓았다.

Points!

선술집 분위기에 맞는 복고풍 인테리어를 그대로 살렸다.

Shop

우리 가게 장비 구입 비용은?
가스스토브, 냉장고, 튀김기, 전기밥솥 등 중고로 구입하더라도 1000만 원 이상 비용이 들었겠지만 점포를 인수함으로써 이 비용을 아낄 수 있었다. 인테리어를 할 때도 전에 가게를 운영하던 사장의 조언을 참고로 하면 도움이 된다.

단골 중심의 안정적인 매장으로 바꾼 비결은 따로 없다. 성실하고 친절한 태도로 손님들에게 최선을 다하면서 단골을 차츰차츰 늘려나갔다.

> **창업 시크릿**
>
> **사장이 요리를 할 줄 알아야 한다**
> 가장 큰 시행착오는 사장이 요리할 줄 몰라서 주방장과 다툼이 생기는 경우이다. 월급을 주고 요리를 잘 하는 사람을 쓴다고 해서 메뉴가 저절로 나오는 게 아니다. 사장이 음식 맛에 까다로운 미각이 없다면 주방장과 의견 대립으로 갈등이 생길 수밖에 없다. 주방장이 아프거나 일이 생겨 가게를 못 나왔을 때 사장이 요리할 수 있을 정도의 실력을 갖추고 있어야 한다.

● 왜 이 점포를 선택했나?

지하철 5호선 길동역과 300m 이내로 가깝다. 지역 거주민들을 핵심 고객층으로 해서 먹자골목으로 몰려드는 손님들을 흡수하면 안정된 매출을 올릴 수 있을 것으로 기대했다. 무엇보다 보증금과 권리금이 상대적으로 저렴했다. 잠실역과 가까운 천호 상권의 권리금이 1억 원대임을 감안하면 10분의 1수준에 불과했다.

점포 자체를 놓고 봤을 때는 주점으로 운영되던 가게였으므로 인테리어나 집기를 따로 하지 않아도 된다는 게 마음에 들었다. 주변에 경쟁 점포가 있더라도 나름의 노하우를 접목하면 승산이 있겠다고 판단했다.

● 내가 겪은 시행착오는?

다른 사람이 운영하던 가게를 이어받을 때 고려해야 할 점이 있다. 자신이 원하는 가게를 만드는 데 한계가 있다는 점이다.

> **창업 시크릿**
>
> **좋은 재료 구하는 곳 어디?**
> 도매센터인 양재동 하나로센터를 자주 이용한다. 하나로센터는 하나로마트 옆에 있는 업소용 마트인데 사업자들만 도매가로 물건을 구입할 수 있다. 처음에 장사를 시작할 때는 하나로센터에서 발품을 팔면 좋은 거래처를 구할 수 있다.

기존 주점을 그대로 인수한다면 비용 때문에 인테리어를 크게 바꾸지 않는 경우가 대부분이다. 청춘포차는 박 사장이 애초에 생각했던 카페형 포장마차가 아닌, 선술집 분위기로 꾸며져 있어서 이에 맞는 핵심 고객층을 정하기까지 어려움이 있었다. 기존의 인테리어가 복고풍 포차로 남자들이 술 한 잔하기에 좋은 분위기였다면, 박 사장이 원하는 것은 최근 인기를 끄는 캐주얼 주점 콘셉트였다. A급 상권이 아닌 곳에서 인테리어를 바꾸면서까지 창업비용을 늘릴 수 없었던 박 사장은 결국 선술집의 콘셉트를 그대로 유지할 수밖에 없었다.

장사는 길게 봐야 합니다.

● **메뉴 관리?**

실내 포장마차는 메뉴가 대부분 비슷하다. 계란말이와 파전, 떡볶이 등의 메뉴는 다른 포장마차에서도 볼 수 있는 흔한 메뉴다. 박 사장은 차별화된 메뉴를 선보이고 싶었다. 실내 포장마차라도 포장마차는 포장마차다워야 한다는 생각에 독자적인 조리법으로 만든 먹장어와 닭발을 메뉴에 올렸다. 그리고 길거리 포장마차와 똑같은 맛을 내기 위해 유명 포장마차를 찾아다니면서 맛을 연구했다.

Works

실내 포장마차 | 서울 강동구 천호동

Points!

실외 포장마차와 분위기를 내기 위해 메뉴를 다양하게 만들었다.

박 사장의 어머니가 주방장으로 일하고 있어 시장을 돌아다니면서 재료를 구하고 메뉴를 개발하는 과정의 시행착오를 감수할 수 있었다고. 현재도 튀김류나 구이류는 박 사장이 요리하지만 대부분의 요리는 그의 어머니가 담당하고 있다.

> **창업 노하우**
>
> 매장 분위기에 맞는 선곡을 하라
> 음악은 매장 분위기 조성에 중요한 요인이다. 무조건 최신음악을 틀기보다 매장의 분위기에 맞는 음악을 선곡할 필요가 있다. 요즘은 감성 마케팅의 시대다. 주점에서도 고객에게 추억을 되살려주는 곡, 흘러간 옛 노래 중에서 좋았던 곡을 선택해 가게에서 틀면, 손님들이 좋아한다. 청춘포차에서는 이따금 신청곡을 받아서 매장에서 틀기도 한다고.

● **매출 관리?**

창업 전 원가 분석을 했다. 주점 창업자들 사이에서는 메뉴 가격의 30%를 재료비로 정하는 게 일반적이지만 정답은 없다. 메뉴의 적정 가격은 사장이 애를 써서 정하는 게 맞다. 청춘포차의 경우 모든 메뉴를 저렴한 가격에 제공하되, 손해를 보면서까지 가격을 낮추지 않았다.

원가를 낮추고 수익률을 높이려면 사장이 발품을 팔아야 한다. 조금이라도 싸고 좋은 재료를 찾는 과정에서 적정한 가격 선을 찾으면 된다. 주변 점포와의 가격 균형도 생각해야 한다. 처음 창업하는 사람이라면 경쟁 점포와 가격을 비슷하게 맞춰가는 것도 좋다.

청춘포차는 매출의 편차가 큰 편이다. 장사가 잘될 때는 일매출 40~50만 원을 올리지만, 손님이 없는 날에는 10만 원대 초반까지 떨어진다. 상권 기복이 심해서 경기를 심하게 타는

LP판을 활용해 인테리어를 꾸몄다.

편. 다행히 창업 후 3개월 만에 손익분기점을 넘기면서 월평균 매출을 800~900만 원가량 올리고 있다.

● 나만의 고객 관리법?

청춘포차는 개업 당시 전단지를 돌리지 않았다. 별도의 홍보나 마케팅이 필요 없는 상권인데다가 박 사장이 마케팅을 할 필요를 느끼지 못했다. 특히 자영점의 경우 프랜차이즈와 달리 광고나 마케팅 경쟁으로 승부하는 데 한계가 있기에 행인들에게 호객하는 게 전부였다. 번화가 상권이었다면 개업 행사를 열고 내레이터도 쓸 수 있었겠지만, 상권의 배후단지에 있는 주택가 고객을 공략할 필요가 있었다.

한 번 가게를 찾은 손님을 단골로 만드는 게 중요하다. 동네 장사일수록 뜨내기보다는 기존 고객을 충성고객으로 만드는 게 낫다.

가게 홍보와는 별개로 이벤트는 꾸준히 해야 한다. 박 사장은 초저녁 손님이 뜸할 때 가게에 온 손님들에게 맥주 한 병이나 밥 한 공기를 서비스로 주는 이벤트를 했다. 사장 입장에서는 어떤 고객이 단골이 될지 알 수 없으므로 한 번 온 손님을 두 번 오는 손님으로, 두 번 온 손님을 세 번 오는 손님으로 만들어야 한다.

주점 사장 중 수줍음이 많거나 말주변이 없어서 손님에게 살

Points!

한 번 가게에 온 손님을 단골로 만들어라.

갑게 굴지 못하는 경우도 있는데 성격을 바꿔서라도 친밀도를 높여야 한다. 서비스 마인드는 타고나는 게 아니라 노력으로 얻어지는 것이다. 손님이라고 해서 무조건 왕처럼 대하라는 뜻은 아니다. '진상 고객'은 단호하게 거부할 줄도 알아야 한다. 가게에 오는 손님 중에 어떤 손님이 내 손님이 될지 신중하게 생각하고 행동한다.

> **창업 시크릿**
>
> **직원으로 일한 경험이 도움이 된다**
> 주점을 창업하기 전 반드시 직원으로 일할 필요는 없다. 하지만 직원으로 일한 경험이 있는 사람이 유리한 건 사실이다. 좋은 거래처는 세금계산서를 성실하게 발급해주는 곳이다. 세금계산서를 발급해주지 않는 거래처가 의외로 많다. 자영업자에게 세금계산서는 유용하게 쓰일 때가 많으므로 반드시 발급받아야 한다.

Points!

조명과 벽면 장식 또한 최대한 자연스러운 느낌을 내려고 했다.

나만의 필살기

친절이 힘이고 무기다. 번화가 상권은 뜨내기를 상대로 하므로 친절함과 관계없이 매출이 나오게 돼 있다. 하지만 동네장사는 친절하지 않으면 살아남을 수 없는 구조다. 청춘포차만 해도 주변에 이자카야, 포차, 펍 등 경쟁상대가 다양하다. 유행에 맞게 따라갈 자신이 없다면 자신만의 분명한 정체성이 있어야 한다. 박 사장은 고객이 원하는 분위기와 주종을 간파하고 이에 맞는 서비스를 만들었다. 프랜차이즈는 아니지만, 프랜차이즈 못지않게 다양한 메뉴와 고객 맞춤형 서비스를 선보인 것. 사소한 서비스라도 고객 맞춤형 서비스를 제공함으로써 청춘포차만의 확고한 경쟁력을 갖출 수 있었다.

창업 비법 전수

박 사장은 주점에서 직원으로 일하며 손님을 향한 태도가 곧 서비스의 질을 결정한다는 걸 알았다. 손님의 눈빛이나 표정, 손짓으로 그에게 필요한 게 무엇인지를 알 수 없다면 장사를 하지 말아야 한다. 고객이 원하는 걸 재빨리 간파해야 한다는 뜻이다. 고객은 사장이 속마음을 읽어줄 때 고마움을 느끼고 가게에 애정을 갖게 된다. 그러한 고객이 많아질수록 장사는 잘된다.

이런 사람이 창업하라

장사는 인내심과 끈기가 중요하다. 직장생활처럼 안정적이거나 처음부터 쉽게 돈을 버는 업종이 아니라, 암탉이 알을 품듯이 투자를 한 뒤 끈기를 갖고 기다리다 보면 고객이 점점 늘어나는 게 장사다. 최소 1년 이상 수익성을 따지지 않고 버틸 수 있는 인내심과 끈기, 그리고 고객에게 최고의 음식을 내놓겠다는 자부심이 있다면 창업에 도전해보는 것도 좋다.

월 매출액: 1000만 원
임대료: 100만 원
재료 구입비: 200만 원
인건비: 200만 원
잡비: 50만 원
월 순수익: 450만 원

청춘포차

크레이지온펍

생맥주 전문 | 서울 송파구 크레이지온펍

주점으로 투잡하기

- 이름 크레이지온펍
- 위치 서울 송파구 문정동
- 개업 2013년 11월
- 보증금 2000만 원
- 규모 11평
- 특징 무제한 안주 서비스

크레이지온펍은 상권과 입지, 아이템이라는 삼박자가 맞아떨어져 성공한 사례다. 직장인이 주점으로 투잡을 하며 돈을 벌 수 있을까, 반신반의했던 사람이라면 크레이지온펍의 사례를 참고하면 도움이 될 것이다. 자신이 본 것을 확신하고 눈에 보이는 결과물로 만들려는 열정만 있다면 성공이 남의 일만은 아니다.

우리 가게 스토리

서울 문정동의 한 회사에서 교통 환경과 연관된 일을 하는 김정훈 사장은 원래 창업은 남의 일이라고만 생각했던 사람이었다. 좋아하는 일을 하며 안정된 직장생활을 하던 그는 입사 7년 차를 보내면서 일에 회의감을 느끼기 시작했다. 회사를 그만두고 싶지는 않지만, 무언가 다른 일도 해보고 싶은 마음은 30대 초반인 남자에게는 자연스러운 것이다.

한 번쯤은 내 일을 해보고 싶다는 마음은 '창업의 꿈'으로 연결됐다. 평소에 맥주를 좋아했던 그는 회사 근처에 주점을 차려보면 어떨까, 하는 마음을 품었다. 창업 투자금은 문제가 되지 않았다. 눈에 보이지 않는 두려움이 문제였다. 하지만 돈을 투자한 만큼 일에 책임감과 열정이 생길 거라는 생각에 과감하게 창업을 결심했다.

가게 이름처럼 맥주에 미친 사람들의 놀이터를 만든 김 사장은 오로지 생맥주와 안주만을 취급한다. 1차를 끝내고 2차 술자리를 찾는 이들이 고객층이다. 최근 유행하고 있는 '스몰비어' 트렌드에 맥주창고 같은 분위기로 매장을 꾸몄다.

매장 곳곳에 직접 제작한 게임기와 재미있는 인테리어 소품을 배치해 매장 분위기를 살렸다. 애초 목표는 '홍대에 가면 있을 법한 맥주 전문점을 만들자'는 거였다. 크레이지온펍은 김 사장의 손으로 직접

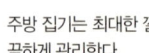
주방 집기는 최대한 깔끔하게 관리한다.

Points!

매장 내에 직접 만든 게임판을 설치해 손님의 시선을 끈다.

Shop

우리 가게 장비 구입 비용은?

전기공사: 200~300만 원
설비공사: 2000만 원
냉장고: 200만 원
제빙기: 80만 원
후드: 200만 원
싱크대: 150만 원
인건비 포함 기타 설비비: 1000만 원
총: 4000만 원

만든 매장이다. 페인트를 직접 칠하고 소품 하나까지 직접 발품을 팔아 구입한 그는 색다른 콘셉트의 펍을 만들겠다는 욕심이 있었다. 맥주를 파는 장사라기보다는 하나의 브랜드를 만든다는 생각으로 단골 확보에 주력했다.

김 사장은 매장에 오는 모든 손님에게 안주 한 가지를 무료로 제공하는 파격적인 서비스로 성공했다. 그 결과 매장 주변에 입소문 난 포장마차를 제치고 수많은 단골을 유치하는 성과를 거뒀다. 현재 크레이지온펍은 문정점, 모란점 성공에 이어 3호점 분점을 계획 중이다. 김 사장은 장사를 전혀 몰라도 의지와 노력만 있으면 성공할 수 있다고 말한다.

> **창업 시크릿**
>
> **투잡으로 주점 경영하는 법?**
> 아르바이트생이 필요한 식재료를 알려주면 사장이 전화로 거래처에 주문을 넣는다. 김 사장이 회사에서 퇴근하고 매장에 도착하는 시간은 저녁 7시다. 마감 때까지 자리를 지킬 때도 있지만, 대부분은 아르바이트생에게 맡기고 10시 전에 집으로 들어간다. 아르바이트생에게는 시간대별로 매출 현황을 문자메시지로 보고하도록 하고, 출·퇴근 시 통화하는 것으로 매장 관리를 대신한다.

● 왜 이 점포를 선택했나?

주점을 해본 적도 없고 주점 창업에 대한 지식도 거의 없었다. 망해도 일단 뛰어들어보자는 생각으로 발품을 팔았다. 원래는 모란역 근처에 매장을 내고 싶었지만 권리금이 턱없이 비쌌다. 7~8평대 매장에서 권리금을 1~2억 원씩 내면서까지 장사를 하고 싶지 않았다. 역 주변에서부터 빈 가게를 알아보며 이면도로까지 거슬러 올라오다가 점포를 얻게 됐다. 대로변에서 눈에 띄지는 않지만, 주변 가게들에 워낙 손님이 많아 빈 주점을 찾지 못하고 발길을 돌리는 손님을 끌어들이고 있다.

● **인테리어는?**

편안하면서도 세련된 느낌의 홍대 펍을 벤치마킹했다. 인테리어는 업체에 따로 맡기지 않고 사장과 그의 친구들이 직접 꾸몄다. 페인트를 사서 벽을 칠하고 책상과 의자, 집기 등은 구입하거나 직접 제작했다. 벽에 걸린 팝아트 그림 액자는 리히텐슈타인의 작품을 모방해 LED 조명을 넣어 만든 것이다.

가게는 원래 중국집을 하던 자리였다. 가게 구조를 그대로 살려 부분 설비공사만 하고 나머지는 조명과 소품을 활용해 주점에 맞게 분위기를 바꿨다. 매장 안에 있는 게임기는 목수인 친구가 만들어 선물한 것. 그릇과 포크 등의 집기는 남대문에서 구입하고, 메뉴판은 김 사장이 친구와 함께 만들었다.

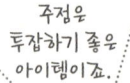

주점은 투자하기 좋은 아이템이죠.

● **내가 겪은 시행착오는?**

김 사장은 음식을 만들어본 적이 없어서 안주를 개발하는 데 애를 먹었다. 요리를 잘하는 친구에게 레시피를 배웠고, 아르바이트생과 함께 1~2주간 시행착오를 거쳐 몇 가지 메뉴를 만들었다. 처음에는 매운 새우볶음 요리를 주력으로 내세웠지만, 고객의 호불호가 극

Works

Points!

술병을 활용한 인테리어는 홍대 주점을 벤치마킹한 것이다.

명하게 갈려 며칠 뒤 메뉴에서 뺐다. 첫 번째 메뉴가 실패하자 두 번째 메뉴를 개발하는 데 두려움이 생겼다. 시행착오를 최대한 줄이기 위해 택했던 방법이 메뉴 품평회다. 메뉴를 개발한 뒤, 고객에게 시식을 권하고 여기서 제일 반응이 좋은 메뉴를 매장에서 판매하는 것이다. 그러면 실제 매장에서 판매할 때의 반응도 대개 일치한다. 주점을 처음 하는 사람들은 요리에 대한 고민이 가장 큰데, 고객의 요구를 제때 반영하는 것이 중요하다.

> **창업 시크릿**
>
> **좋은 재료 구하는 법**
> 재료를 구입할 때는 양재동에 있는 코스트코에 가거나 대형 식자재 마트를 이용한다. 사장이 재료를 구입할 수 없을 때는, 매장을 찾아온 식자재 유통 업자를 통해 물건 구입을 부탁한다. 믿을 수 있는 사장이 있다면 재료를 일괄 구입하는 것도 좋다. 최고급 재료를 얻을 수는 없지만, 거래처 사장과 신뢰가 쌓이면 좋은 물건을 안정적으로 공급받을 수 있다. 현금 결제를 하면 좋은 물건을 먼저 받을 수 있다.

● 메뉴 정하기

주점에서 요리를 잘 만들 필요는 없다. 술과 함께 곁들였을 때 맛있는 정도면 충분하다. 메뉴를 만들 때 중요한 건 '주문 시 20분 이내에 만들 수 있는가'이다. 손님들이 부담 없이 주문할 수 있는 메뉴인지도 중요하다. 크레이지온펍은 메뉴를 개발할 때 유명 레스토랑을 벤치마킹했다. 감자튀김은 스몰비어 전문점에서 파는 것을 재현한 것이다.

김 사장은 메뉴를 똑같이 따라 하는 것만으로는 서비스 경쟁력이 생기지 않는다는 생각에 단골고객에게 안주를 무료로 제공했다. 그리고 한 테이블 당 서비스 안주를 한두 개 이상 준

공기청정기 역시 인테리어의 한 요소다.

다. 생맥주 역시 주류회사에 근무하는 지인의 도움으로 평균 도매가보다 저가로 공급받아 2500원대에 팔고 있다. 프랜차이즈에서 하지 못하는 경쟁력을 만들기 위해서다.

● **가격·매출 관리**

처음 메뉴 가격을 정할 때 원가분석을 따로 하지 않았다. 소비자가격은 재료값에 두 배만 받기로 정했다. 보통은 세 배까지 받아야 한다고 하지만, 장사 경험이 없어서 두 배를 적정치로 정했다. 주변 매장과 경쟁하기 위해서는 두 배 가격이 적당하다고 판단했다. 감자튀김 같은 인기 메뉴는 마진율이 원가의 서너 배 정도로 높은 편이다. 마진율이 높은 만큼 판매량을 늘리기 위해서 냉동감자를 사용해 다른 주점과 차별화했다. 감자튀김용으로는 생감자보다 냉동감자가 식감이 좋고 맛있기 때문. 그리고 기존 스몰비어보다 양을 넉넉하게 제공해서 고객들에게 만족감을 주고 있다.

맥주는 기본적으로 서너 잔씩 서비스한다. 어떤 사람들은 '서비스를 그렇게 많이 주면 남는 게 있느냐'고 하지만 단골고객이 늘면 그만큼 장기적으로는 수익이 더 남는다. 크레이지온펍의 매출을 놓고 보면 이 점을 분명히 알 수 있다. 첫 달 매출이 800만 원을 훌쩍 넘긴 뒤 지금도 평균 1000만 원 이상은 매출이 꾸준히 나오고 있다. 저녁 시간대부터 새벽까지 운영하는

Points!

감자튀김용으로는 냉동감자가 훨씬 식감이 좋다.

주점치고는 수익률이 낮지 않다.

장사가 잘되면서 회사를 그만두고 주점 운영에 전념할 생각도 있었지만 아르바이트생을 쓰더라도 투잡을 하는 게 낫다고 판단했다. 인건비가 더 들더라도 사업을 안정적으로 운영하려면 고정 수입이 있는 게 중요하다. 처음에는 메뉴를 개발하느라 재료비가 많이 들고 매출이 높아도 순수익이 높지 않았던 게 사실이다. 재료를 매입하는 거래처가 없었던 것도 이유였다. 현재는 식자재 업체를 통해 재료를 안정적으로 공급받고 있고, 매장 운영이 체계적으로 바뀌면서 재료비 비율이 조금씩 떨어지는 추세다.

● 나만의 고객 관리법?

크레이지온펍에서는 따로 고객 관리를 하지는 않는다. 대신 김 사장이 매장을 방문한 손님의 얼굴을 기억하고 수시로 안주를 서비스 한다. 고객이 안주를 주문하면 안주 하나를 더 주거나, 맥주를 서비스로 한 잔 더 주는 식이다. 매장에 사장이 없더라도 아르바이트생이 똑같이 서비스하므로 단골이 끊이지 않는다. '한 번 가게에 온 손님은 절대 놓치지 않는다'는 게 크레이지온 펍의 영업 전략이다.

Points!

개성 있는 인테리어로 가게 분위기를 색다르게 꾸몄다.

나만의 필살기

회사에 다니면서 주점을 경영하는 방법은 간단하다. 가게의 시스템을 만들면 된다. 크레이지온펍은 김 사장이 다니는 회사와 가깝다. 퇴근길에 들러서 매장 상황을 확인하고, 매장을 관리한다. 아르바이트생에게 모든 것을 맡기는 것처럼 보이지만, 매출 전표에 출·퇴근 시간과 당일 매출이 기록되고 전화로 매장 상황을 수시로 파악하기 때문에 매장을 직접 운영하는 것과 같은 효과가 있다. 또한 일주일에 하루는 김 사장이 직접 마감한다. 재료 관리는 믿을 만한 사람에게 맡긴다. 주류회사를 친구에게 소개받고, 식자재는 식자재 마트를 하는 지인에게 공급받고 있다. 주점을 하는 데 있어서 넓은 인맥은 필수다. 매장의 세부적인 것까지 관여할 수는 없지만 전체적인 분위기는 직접 조율하는 편이다. 음악이나 조명을 적절하게 맞추면서 손님들이 편안한 분위기에서 술을 마실 수 있도록 했다.

창업 비법 전수

주점은 손님이 즐기러 오는 공간이다. 매장의 분위기가 처져 있거나 음악이 우울하면 안 된다. 크레이지온펍은 매장에 온 손님이 홀에서 춤을 출 정도로 분위기가 좋다. 주점이 주택가에 있다면 소음 때문에 항의를 받을 수 있으니 주의한다. 주변 상점이나 지역 주민과 사이좋게 지내는 것도 중요하다.

영업시간은 탄력적으로 조정해도 관계없다. 크레이지온펍은 일요일에는 과감하게 문을 닫는다. 장사가 안되기 때문이다. 장사가 잘되는 날은 늦게까지 영업하고 안 되는 날은 일찍 문을 닫는 게 현명한 영업 방식이다.

이런 사람이 창업하라

공무원처럼 안정된 직장을 가진 사람이 창업하기 좋다. 주점은 밤에만 영업하므로 아르바이트를 쓰면서 투잡을 하기에 적절한 아이템이다. 대출 여건이 좋은 사람이 창업하면 유리하다. 처음에는 자기 자본금 외에 대출을 받는 부분도 무시할 수 없다. 경쟁심이 강하고 늘 새로운 아이디어를 연구하는 사람이 창업하면 성공할 확률이 높다.

월 매출액: 1050만 원 내외
임대료: 88만 원
재료 구입비: 350~400만 원 내외
인건비: 100~150만 원
잡비: 30~40만 원
월 순수익: 400~500만 원

크레이지온펍

토크테이블

아메리칸 펍 | 경남 김해시 토크테이블

동네 사람들이 가는 주점

- **이름** 토크테이블
- **위치** 경남 김해시 삼계동
- **개업** 2013년 10월
- **보증금** 2500만 원
- **규모** 22평
- **특징** 여성들을 위한 안주

토크테이블은 우리 주변에서 흔히 볼 수 있는 작은 펍이다. 아파트 단지 주변에 위치해 입주민을 상대로 하지만, '작은 술집'의 경쟁력을 만들어 꾸준한 매출을 올리고 있다. 지방에서 자영점으로 살아남는 노하우를 엿볼 수 있다.

우리 가게 스토리

손영희 사장은 원래 장사를 할 마음이 없었다. 가게를 연 것은 프랜차이즈 주점을 운영했던 남편을 거들겠다는 소박한 바람이었다. 가맹점에 주는 돈이 많아 '우리 가게를 만들어보자'고 창업한 게 토크테이블이었다.

남편은 요리를 잘하고, 손 사장은 영업에 자신 있었다. 때마침 스몰비어 콘셉트의 캐주얼한 주점이 인기를 끌고 있었다. 김해에는 여성 고객이 편하게 갈 수 있는 주점이 많지 않다. 주점이라고 하면 담배 연기가 자욱하고 지저분하다는 편견이 있지만, 손 사장은 카페 같은 분위기에서 조용히 술을 즐길 수 있는 공간을 만들고 싶었다.

손 사장이 거주하는 삼계동 신도시는 아파트 밀집 지역이기도 했다. 지역 상권과 소비수준을 잘 알았던 그는 주부들을 상대하는 데에도 익숙했다. 중대형 아파트 단지 상권이라면 주점으로 성공할 가능성이 있다는 생각에 남편과 토크테이블을 창업했다. 주점 이름과 인테리어는 물론 로고 디자인 하나까지 세심하게 신경을 쓴 토크테이블은 창업 초기부터 분점을 목표로 장사했다.

취향이 까다로운 손 사장은 부산과 경남은 물론 서울 상권까지 샅샅이 뒤져서 좋은 주점의 요소들만 벤치마킹했다. 손 사장은 본사에서 정해주는 메뉴와 콘셉트를 따르지 않고, 비용까지 절감할 수

화분 하나가 매장 분위기에 영향을 준다.

Points!

국내에서 맛보기 어려운 독일산 파울라나라 맥주를 제공한다.

Shop

우리 가게 장비 구입 비용은?
튀김기: 60만 원대
오븐기: 70만 원대
냉장고: 100만 원대
시공비 포함 기타 비용: 1000만 원
: 총 1500만 원

있으므로 개인점 창업이 훨씬 유리하다고 말했다. 토크테이블이 개업 한 달 만에 흑자를 낸 이후 현재까지 안정적인 영업을 해오고 있는 걸 보면 그 이유를 알 수 있다.

● 왜 이 점포를 선택했나?

손 사장은 개업 전부터 시장조사를 많이 했다. 서울 가로수길과 한남동, 그리고 유명한 카페가 있는 곳을 일일이 찾아다니면서 정보를 얻었다. 김해에서 주점을 하더라도 서울에 있는 주점과 경쟁한다고 생각해야 실패하지 않을 것 같았다. 더욱이 지방은 서울의 흐름을 자연스럽게 따라가는 경향이 있다.

1층 점포는 옷가게를 하던 자리인데 인테리어만 바꿔서 분위기를 내려고 했다. 손 사장은 토크테이블을 지역의 30~40대 주부들이 가족이나 혹은 친구들과 편하게 들를 수 있는 주점으로 만든다면 성공 가능성이 있을 거라고 확신했다.

● 인테리어 어떻게 할까?

매장 콘셉트는 기본적으로 여성들이 좋아할 만한 분위기다. 메뉴와 인테리어도 여성들 취향에 맞는 낭만적이고 편안한 분위기로 꾸몄다. 개업 전 서울 남대문 시장을 돌면서 소품을 알

창업 시크릿

오픈 이벤트를 꼭 해야 하는 건 아니다

상권에 따라서 오픈 기념 이벤트가 큰 효과가 없을 때도 있다. 주변에서 전단지를 돌리고 가게 입구에 풍선을 달려고 해도, 자신이 판단했을 때 효과가 없다면 이벤트를 굳이 할 필요는 없다. 여기서 아낀 비용으로 가게에 온 손님들에게 서비스를 하나라도 더 하는 게 충성 고객을 만드는 데 도움이 된다.

아보았고, 그릇과 집기 등을 공수했다. 인테리어는 평소 마음에 들었던 사진을 참고해 김해에 있는 업자에게 의뢰했는데 만족도가 60% 정도라고. 업자에게 타일 하나까지 사진으로 보여줬지만 지방에서는 재료 구하기가 쉽지 않았단다. 가격의 한계도 있었다. 원래는 스탠딩 바 형태의 매장을 생각했지만 고객의 동선이 불편할까 봐 일반 주점 매장으로 꾸몄다.

● **내가 겪은 시행착오?**

개업 초기에 메뉴판을 두세 번 정도 바꾸었다. 맥주집인데 느끼한 메뉴가 너무 많다는 고객들의 의견을 반영했다. 손 사장은 처음에는 국물이 있는 메뉴를 만들려고 했지만, 가게 콘셉트와 맞지 않아서 포기했다. 대신 느끼한 맛을 잡아줄 메뉴를 만들기로 했다.

그러던 중 여자들이 좋아하는 매콤한 골뱅이무침을 떠올렸고, 맥주와 잘 어울리는 안주로 판매량을 높일 수 있었다. 자영 주점은 프랜차이즈와 달리 운영 초기 메뉴 변동에 대한 리스크가 있다. 하지만 이를 위기가 아닌 기회로 활용하면 고객이 원하는 메뉴를 개발할 수 있다.

인테리어에 대한 시행착오도 주의해야 한다. 인테리어 비용을 낮추기 위해 지인을 통해서 소개받는 경우가 많은데 이때도 문제는 생긴다. 요구 사항을 분명히 말하지 못하고 업자가 권하는 대로 받아들이는

동네 장사는 인심이 중요해요.

Works

Points!

여성 고객들의 취향을 반영한 세련된 인테리어가 특징이다.

경우다. 손 사장은 가격 거품이 심한 업체가 아니라면 되도록 새로 알게 된 인테리어 업체와 일을 하는 게 좋다고 권했다.

창업 시크릿

좋은 거래처를 확보하는 법
프랜차이즈 장사 경험이 풍부하다 보니 매입에 관해 조언을 구할 곳이 많았다. 거래처를 정할 때는 되도록 많은 사람의 의견을 물어보고 소개받는 게 좋다. 거래처는 한 번 정했다고 옮길 수 없는 게 아니라 계속 바뀌어도 된다. 단가의 차이도 중요하지만 성실함과 신의도 중요하므로 소개를 받아서 정하는 게 좋다.

● 메뉴·매출 관리?

주점은 단가가 높으면 장사를 할 수 없다. 창업 트렌드가 스몰 비어 콘셉트로 가고 있기 때문이다. 손 사장이 프랜차이즈 가맹을 하지 않는 이유도 그래서다. 단가를 낮추기 위해 장을 보고 물건을 매입할 때도 재고를 최소화한다. 이렇게 하면 프랜차이즈보다 단가를 더 낮출 수 있다.

어느 주점이든 손님을 끌기 위한 미끼상품이 있다. 토크테이블은 7000원에 판매되는 감자튀김이 미끼상품이다. 가격이 1만 원을 넘어가는 메뉴는 재료비가 메뉴 가격의 30%를 넘기지 않는다.

하루 매출은 70~80만 원에서 작을 때는 20만 원 밑으로 떨어지기도 한다. 동네장사다 보니 뜨내기가 아닌 단골 위주로 영업하고 있다. 학기 초가 낀 봄이 비수기이며, 성수기는 각종 송년회나 모임이 있는 연말이다. 비수기 때는 서비스를 늘려서 단골고객을 확보하려고 노력한다.

**비수기 때는
서비스를 늘려서
단골고객을 확보한다.**

칵테일 바의 모습

● 나만의 고객 관리법?

마케팅을 할 때는 불특정 다수를 대상으로 해서는 안 된다. 맥주 한 잔을 서비스로 주더라도 오는 손님에게 전부 주는 게 아니다. 두 번째 왔을 때 맥주 한 잔, 세 번째 왔을 때는 안주 메뉴 하나를 서비스로 준다. 토크테이블의 주요 타깃은 여자 고객이므로 자녀가 중·고교생인 학부모 등 단체 손님을 상대로 영업하고 있다.

Points!

다양한 연령대의 고객을 만족시키기 위해 안주의 종류가 많다.

Shop

나만의 필살기

메뉴를 끊임없이 업그레이드한다. 주방실장인 남편과 정기적으로 시장 조사를 나가고 괜찮은 메뉴를 발견하면 재료를 사서 만들어 본다. 지인과 주변 사람들을 초대해 품평회를 갖고 보완할 점을 찾은 뒤, 가게에 정식 메뉴로 내놓는다. 고객 연령별로 선호하는 메뉴를 따로 만든 것이 경쟁력이라고 볼 수 있다. 20대 고객을 위해 맥주 칵테일이나 감자튀김 같은 가벼운 메뉴를 제공하고, 30~40대 남자 고객들을 위해 독일에서 만든 파올라나라는 맥주를 제공하고 있다. 지금은 어떤 손님이 무슨 안주를 좋아하는지 모두 꿰고 있다. 술만 즐겨 먹는 고객에게 안주 서비스를 주면 무척 좋아한다. 여성 고객은 특히 기본 안주를 좋아하는데, 치즈볼을 무한리필해주면 고마워한다. 손님을 점잖게 대하면 가게에 소란을 피우는 손님도 자연스레 사라진다. 여성들을 위한 매장으로 콘셉트를 정한 것이 주효했다고 본다.

창업 비법 전수

영원한 단골은 없다는 게 신조다. 주점은 하루도 쉴 수 없다. 그러므로 사장의 성실함이 성패를 좌우한다. 취한 사람들을 상대로 장사하는 것이기에 매장을 편안하고 여유 있는 분위기로 유지하는 것도 중요하다. 주점을 사업으로 키워나갈 마음이 있다면 상표 등록을 하라고 권해준다. 그렇지 않으면 다른 주점에서 가게 이름이나 콘셉트를 똑같이 따라 하는 불상사가 생긴다. 토크테이블 역시 상호와 가게 콘셉트를 무단으로 도용당한 사례가 있었다.

이런 사람이 창업하라

고객이 불편하지 않을 정도로 부드럽게 다가가는 사람이 유리하다. 무조건 떠받들라는 말이 아니다. 사람을 좋아하는 것과 친화력은 다른 개념이다. 말로 쾌활하게 영업을 해도 고객과 친해지지 못할 수도 있다. 불필요한 말은 최소화하면서 사람에게 스스럼없이 다가갈 수 있는 사람이 적합하다.

월 매출액: 1300~1400만 원
임대료: 130만 원
재료 구입비: 330만 원
영업관리비: 140만 원
월 순수익: 500만 원

토크테이블

디케이펍

캐주얼펍 | 서울 강남구 디케이펍

전대로 매출 만회하기

- 이름 디케이펍
- 위치 서울 강남구 역삼동
- 개업 2012년 8월
- 보증금 2500만 원
- 규모 35평
- 특징 칵테일과 세계맥주를 함께 판매

디케이펍은 역삼동 직장인들을 상대로 영업하는 주점이다. 먹자골목처럼 형성된 곳에서 영업하는 디케이펍은 겉보기에는 다른 주점과 비슷해 보이지만, 직장인들이 가벼운 회식이나 모임을 할 수 있는 캐주얼펍으로 단골을 확보하고 있다. 낮 시간대에는 가게를 전대 주면서 수익을 내고 있다는 점도 눈여겨볼 만하다.

우리 가게 스토리

주영호 사장은 23세 때부터 주점 창업을 하고 싶었다고 한다. 처음에는 막걸리 칵테일을 다루는 주점으로 전국에 하나밖에 없는 매장을 만들겠다는 꿈을 꾸기도 했다. 음악을 전공했지만 평범한 회사원이었던 그는 창업을 준비하기 위해 25세에 사표를 내고, 주점 프랜차이즈 '와바'에 입사했다. 점장으로 일하면서 강남에 있는 직장인들을 상대로 영업했고, 이때부터 주점을 하면 수익이 높다는 것을 알았다.

수입맥주를 전문적으로 취급하는 와바에서는 청소에서부터 설거지, 주류 매입, 안주 요리, 칵테일 제조 등을 배울 수 있었다. 점장으로 다양한 업무 경험을 쌓은 것이 창업에 밑바탕이 되었다고 한다.

디케이펍은 현재 세계맥주를 기반으로 칵테일을 취급하는 캐주얼펍으로 운영되고 있다. 주 사장은 낮에는 수영강사를 하며 저녁에만 가게에서 일한다. 낮에는 점심 메뉴를 공략해 수제 돈가스를 판매하는 전대(임차인끼리의 계약으로 매장을 함께 쓰는 경우를 말한다. 예를 들면, 이 경우처럼 낮에는 돈가스를 팔고 저녁 시간에는 술을 파는 경우)를 한다.

투잡으로 일하고 있지만, 낮시간 전대로 가게를 쓰는 사람이 저녁까지 가게에 있으므로 동업하는 것과 마찬가지다. 주 사장은 호프집에서 낮 시간대에 뷔페식으로 점심 메뉴를 판매하는 것은 비효율적

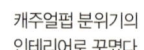
캐주얼펍 분위기의 인테리어로 꾸몄다.

Points!

세계맥주와 칵테일 등 다양한 종류의 술을 취급한다.

Shop

우리 가게 장비 구입 비용은?

전기공사: 400만 원
설비공사: 2000만 원
냉장고: 300만 원
후드: 200만 원
싱크대: 300만 원
인건비 포함 기타 설비비: 2000만 원
총: 5200만 원

이라 생각한다. 월세를 분담한다는 측면에서 도움이 되는 건 사실이지만, 낮시간 뷔페는 영업시간을 길게 정할 수 없기 때문이다.

전대 사업자와 주점 사장 모두에게 좋은 것은 특화된 메뉴를 개발하는 것이다. 점심시간만 운영하는 것이 아니라, 낮 시간대에 누구나 와서 먹을 수 있는 메뉴를 파는 게 중요하다. 디케이펍에서는 수제 돈가스를 전문적으로 팔면서 음료를 함께 취급하는 낮 시간 매출도 큰 비중을 차지하고 있다.

> **창업 시크릿**
>
> **전대차 계약은 신중하게 결정한다**
> 일정 규모 이상의 주점은 임대한 뒤 낮 시간대 매출을 만회하기 위해 전대를 놓는다. 전대차 계약을 하고 장사하다가 여의치 않으면 본인이 직접 장사하기도 한다. 전대차 계약을 할 때는 어떤 업종과 아이템을 가진 메뉴를 정하느냐에 따라 시너지 효과가 날수도, 그렇지 않을 수도 있다는 점을 명심하라. 되도록 주점 업종과 어울릴 만한 카페나 간식 메뉴로 장사하는 사업자를 만나는 게 좋다.

● 왜 이 점포를 선택했나?

주 사장은 역삼동에 오래 살면서 직장인들의 소비패턴과 자주 가는 곳을 잘 알고 있었다. 오피스 상권을 선택한 것은 매출이 어느 정도는 보장되고, 테이블 회전율도 높기 때문이다. 처음에는 강남 신사동 세로수길에 점포를 얻으려고 했지만 유행이 지나치게 빠른데다, 뜨내기가 많으므로 상대적으로 보수적인 역삼동을 택했다.

점포를 얻을 때는 동선을 고려하고, 주변 점포 업종을 파악한다. 역삼동은 단란주점이 많고 치킨 전문점과 바는 많지만 20~30대 젊은 계층이 갈 만한 펍이 부족하다. 아이리쉬펍 스타일의 주점은 디케이펍이 최초라고 볼 수 있다.

● **인테리어 어떻게 할까?**

원래 이 매장은 순댓국밥을 하던 음식점이었다. 위치는 좋았지만 인테리어를 상당 부분 수정했다. 펍은 천장이 높아야 하고 한눈에 들어오는 포인트가 있어야 한다. 지나가는 손님이 한 번쯤 들어와 보고 싶은 가게를 만들려면 세부적인 사항에 꼼꼼하게 신경을 써야 한다. 주 사장은 매장 인테리어를 구상하고 시공업체와 상의해 자신이 원하는 디자인으로 공사를 진행했다. 인테리어 디자인을 결정할 때는 샘플 이미지를 자주 봐야 한다.

주점을 창업한다고 해서 다른 주점을 벤치마킹할 게 아니라 카페나 미용실 등 타 업종의 매장에서 반영할 수 있는 요인이 무엇인지 파악한다. 펍이라고 해서 꼭 옛날 호프집 느낌을 낼 필요는 없다. 주 사장은 강남에 있는 카페를 돌면서 벤치마킹을 했다.

카페를 참고할 때는 화장실을 눈여겨본다. 인테리어를 아무리 잘해도 화장실이 지저분하면 주점 이미지를 망친다. 디케이펍은 고객을 위한 전용 화장실을 따로 만들었다. 정화조를 매립하고 주방이었던 공간을 반으로 나눠 화장실을 만들었다. 전면을 여닫이문으로 공사하고 벽을 터서 전용 주차장을 만들어 고객을 위한 공간을 확보했다.

낮에는 수영강사로 일해요.

Works

Points!

주방과 화장실을 비롯한 인테리어에 신경 썼다.

● 내가 겪은 시행착오는?

영업 초반에는 전대차 계약을 할 때 어떤 사람과 함께할 것인지 판단이 되지 않았다. 주 사장이 상대적으로 나이가 어리므로 나이가 많거나 고지식한 사람과 장사를 했을 때 의견 대립과 갈등이 심했다고 한다. 주 사장은 나이가 적당히 비슷하거나, 취향에 공통점이 있는 사람과 장사를 해야 한다고 권했다.

낮에 영업할 수 있는 메뉴로는 식사 시간에 구애받지 않고 부담 없이 즐길 수 있는 메뉴를 선보이는 게 좋다. 주 사장도 처음에는 파스타나 피자 등을 판매했지만 매출이 생각만큼 잘 나오지 않았다고 한다. 자신만의 독특한 메뉴가 있는 사람과 일을 하면 가게 운영 측면에서도 도움을 얻을 수 있다. 전대를 줄 때는 장사 경험이 풍부하고 자신만의 뚜렷한 계획과 비전을 가진 사람과 함께 하는 것이 좋다.

● 메뉴·매출 관리?

주 사장은 와바에서 일하면서 주류의 단가를 파악했다. 도매상에 물건을 요청할 때 가게 면적과 상권 규모에 대해 알려주면 견적서를 보내준다. 몇 군데에서 견적을 받아보고 가격이 적절한 곳에서 주류를 받았다. 주류 가격은 역삼동 주점의 평균가보다 저렴하게 책정했다.

수입맥주의 평균가격은 6000~7000원대로 저렴한 편이다.

디자인이 독특하면서 편안한 의자를 구입했다.

디케이펍에서 판매되는 감자튀김 등 기본 안주류는 타 주점의 가격을 참조했다.

모든 메뉴는 마진율을 22% 이하로 잡았다. 점장으로 일했을 때의 경험을 살려서 책정한 것이다. 가게 규모가 클수록 공간을 낭비하지 않고 활용하는 게 중요하다. 디케이펍에서는 주말과 휴일 대관을 통해 추가 매출을 올리고 있다. 술과 안주를 70만 원어치 이상으로 주문하면 대관비를 따로 받지 않는다. 공간만 따로 빌릴 경우 150만 원을 받고 빌려준다. 낮 시간대에는 가게를 전대로 놓는다. 현재는 여사장이 수제 돈가스와 햄버거를 파는 카페로 운영하고 있다.

매출은 첫 달부터 흑자가 났다. 처음에는 정직원 한 명을 쓰고 재료비를 많이 투자하느라 수익이 크지 않았다. 요즘에는 아르바이트생 한 명 외에는 인건비가 들지 않고, 단골고객 위주로 영업하므로 안정적인 매출을 올리고 있다.

● **나만의 고객 관리법?**

손님들에게 명함을 받아서 매달 추천 이벤트를 한다. 디케이펍 역시 매장 방문고객 중 추첨을 통해 무료 안주 서비스 등을 제공하고 있다. 추첨할 때는 명함을 마구잡이로 뽑는 게 아니라, 고객이 가게에 왔던 빈도와 어느 정도로 매출을 올려주는

Points!

인테리어와 분위기 때문에 대관 신청을 하는 고객도 많다.

고객인지를 가려내 A급 고객에게 당첨 사실을 통보한다. 프로모션을 한다고 해서 손해 보는 건 결코 아니다. 오히려 홍보한 만큼의 반응이 매출로 돌아오기 때문에 이득이다.

디케이펍에서는 안주나 술값을 무턱대고 할인해서 팔지는 않는다. 고객이 적정가에 돈을 내고 술을 마시면 안주를 서비스로 주는 것이지, 대학생들을 상대하는 것처럼 1000~2000원의 저가형 맥주를 팔 수는 없다. 고객이 지인을 알음알음 데려올 수 있는 곳, 입소문으로 가게가 알려지는 매장으로 만들고 있다.

최근에는 제휴 마케팅을 많이 하지만 온라인에서 가게를 노출시킨다고 모두 홍보 효과가 있다고 볼 수는 없다. 홍보비용을 지불한 만큼 매장에 손님이 찾아오지 않고 가게 이름만 알리는 것은 아무런 의미가 없다. 마케팅을 할 때는 실제 고객을 유도할 만한 수요가 있는지 따져봐야 한다. 디케이펍은 소셜커머스를 통한 홍보에서는 반값 할인을 통해 홍보 효과를 톡톡히 누렸다. 보드카 세트를 안주까지 묶어서 2만 7900원에 판매했는데 매장에 손님이 꽉 찰 정도로 인기가 좋았고 가게 홍보 효과도 있었다. 매출에도 큰 도움이 되었다.

마케팅은 실제로 고객을 유도해내는 효과가 있어야 한다.

나만의 필살기

편안한 공간을 만들기 위해 노력한다. 바 형태의 주점보다는 가볍고, 호프집보다는 세련된 이미지로 관리하고 있다. 주류 가격이 결코 저렴하지는 않지만, 손님들에게 가격이 아닌 서비스로 승부를 겨루고 있으므로 단골고객을 중심으로 차별화된 서비스를 하고 있다. 고객이 한 가지 안주를 주문하면 추가로 안주를 하나 더 제공하고 있다. 칵테일 또한 웬만한 바에서 맛볼 수 있는 것보다 수준 높은 술을 내놓는다. 디케이펍에 오는 고객들은 모두 주 사장과 친분이 생길 수밖에 없다. 단골고객을 꾸준히 관리하면 성수기든 비수기든 매출이 흔들리지 않는다.

창업 비법 전수

주점을 운영하려면 노동력이 있어야 한다. 노동력은 체력과 다른 개념으로 언제 어떤 상황에서든지 사장이 제 몫을 해내는 정신력이다. 직원을 쓰더라도 사장의 노동력이 없으면 운영의 흐름이 막힌다. 두 번째는 자본력이다. 아무리 실력이 좋고 고객 관리를 잘한다고 해도 장사란 자본력으로 하는 것이다. 노동력이 없으면 자본력이 있어야 하고 자본력이 없는 사람은 노동력이 있어야만 성공할 수 있다.

이런 사람이 창업하라

창업 경험이 많은 사람이 유리하다. 주점을 경영하면서 요리, 청소, 영업, 매장관리 등을 혼자서도 소화해내는 사람이 성공할 수 있다. 장사를 아무리 잘해도 포스를 다루지 못해서 직원들에게 물어보는 일이 있어서는 안 된다. 주점은 경험과 기술이 없는 사람이 처음으로 도전하기에는 어려운 창업 아이템이다.

월 매출액: 1200만 원
임대료: 370만 원
재료 구입비: 300만 원
잡비: 100만 원
월 순수익: 500만 원

디케이펍

Part 02

실전에서
바로 써먹는
알짜배기
창업 수칙

01
주점 창업의
첫걸음

주점은 술을 판매하는 업장이다. 요즘에는 고기 전문점, 중국집, 카페에서도 술을 판다. 그렇다면 음식점에서 술을 팔면 이 또한 주점이라고 할 수 있을까? 주점은 다른 음식점과 어떤 차이가 있을까?

보통 주류 매출이 전체의 40%를 넘는 경우에는 주점으로 본다.

주점업은 일반적으로 일반유흥주점업, 무도유흥주점업, 간이주점업으로 분류된다. 일반유흥주점은 도우미를 두고 술을 파는 유흥주점으로 룸살롱이나 요정 등을 말한다. 무도유흥주점은 디스코클럽과 카바레 등 소규모 시설을 갖춘 바이며 사람들이 흔히 가는 선술집이나 호프집은 간이주점업에 속한다. 소규모 시설에서 술을 파는 곳이나 호프집 등은 일반음식점으로 면허를 내서 영업한다.

통상 술이 위주가 되고 음식이 보조 메뉴로 있는 가게, 주류 매출이 전체의 40%를 넘는 경우에는 주점으로 본다. 우리

호프집은 1980년대 이후 활성화되기 시작해 주점의 대표적인 형태로 자리 잡게 되었다.

가 흔히 주점으로 알고 있는 소주방이나 민속주점, 위스키바가 주점에 해당한다. 주점의 형태별 특징에 대해 간략히 살펴보자.

• 호프집

호프집은 우리나라 국민 세 명 중 한 명이 좋아하는 맥주만 전문적으로 취급하는 곳이다. 1980년대 이후 활성화되기 시작해 최근에는 주점의 대표적인 창업 형태로 자리 잡게 되었다. 호프집에서 판매하는 맥주는 시대에 따라 유행을 타는데, 불과 5~6년 전까지만 해도 생맥주 전문점이 인기를 끌던 것이 최근에는 수제맥주의 열풍으로 양조장에서 맥주를 가져와 파는 곳도 생기기 시작했다.

- **요리주점**

2000년대 초반부터 생기기 시작한 요리주점은 기존의 호프집에 다양한 요리를 접목한 것이 특징. 다채로운 메뉴에 독특한 이벤트를 더해 틈새시장을 공략했다. 생일을 맞은 고객에게 음악을 틀어주거나 마술쇼 등의 공연을 펼치는 식으로 주점의 차별화를 꾀했다. 하지만 최근에는 '스몰비어'의 영향으로 요리주점의 위세가 예전에 비해 약해졌다.

- **치킨호프집**

치맥의 인기로 최근 가장 대중화된 주점 아이템이라고 볼 수 있다. 삼겹살과 함께 국민 메뉴로 불리는 치킨을 생맥주와 함께 판매해 매출을 올린다.

조리가 간편하고 고객 확보가 쉬워서 상권마다 흔히 한두 개에서 많게는 네다섯 개가량 치킨집이 밀집돼 있어 경쟁이 치열하다. 치킨호프집의 경우 차별화된 맛과 서비스, 좋은 입지를 확보하지 않으면 높은 매출을 올리기 어렵다.

치킨호프집 경쟁에서 살아남으려면 차별화된 서비스가 필수다.

- 웨스턴바

바^{bar}는 유럽의 주점에서 주인이 손님의 말을 매어놓기 위해 주점 옆에 말뚝을 박고 가로장을 달아놓은 데서 유래했다. 우리나라에서는 웨스턴바가 1980년대에 생겨 이후 칵테일을 비롯해 다양한 주류와 메뉴를 곁들인 주점으로 발전해왔다. 현재는 홍대와 압구정, 종로 등에 다양한 형태의 웨스턴 바가 영업하고 있다.

- 탁주 전문점

탁주 전문점은 우리 전통주를 판매하는 주점이다. 예전에는 시장 골목에 자리했던 허름한 선술집이 최근에는 프랜차이즈

우리 전통주를 판매하는 탁주 전문점

형태로 대중화돼 카페형 매장으로 탈바꿈했다. 배상면주가에서 운영하는 '느린 마을'이 대표적인 예다.

• 포차형 주점

흔히 '실내 포장마차'로 불리는 포차형 주점은 1950년대에 국내에 들어와 소주와 어울리는 안주를 팔면서 대중화됐다. 광목천으로 포장한 포장마차를 점포 안에 그대로 구현해 닭발이나 오돌뼈, 순대, 주꾸미, 꼬막 등의 안주를 파는 실내포차형 주점으로 발전했다. 저렴한 가격에 편하게 술을 마시고 싶어하는 직장인들을 타깃으로 한다.

• 민속주점

막걸리와 동동주를 파는 주점으로 빈대떡이나 파전 등의 지짐과 김치찌개, 동태찌개 등 전통음식이 안주로 구성돼 있다. 낡고 허름한 분위기에 대중적인 인테리어를 접목해 향수를 불러일으킨다. 국내에 민속주점이 밀집된 곳은 서울 인사동이 대표적이다. 서울에는 약 300여 개 정도의 민속주점이 운영되고 있다.

• 일본풍 선술집

'이자까야'라고 불리는 일본식 선술집은 비교적 최근에 유행했던 주점 형태로 우리나라에서 90년대 초반에 도입돼 부산을

주점의 규모는 상권과 입지, 아이템에 따라 천차만별이다.

중심으로 발전하다가 전국으로 대중화되었다. 일본 주점을 벤치마킹한 주점으로 메뉴나 주종에서도 일본 주점의 형태를 그대로 차용한 경우가 많다.

창업 자금은 얼마나 필요할까?

창업을 조금이라도 안다는 이들은 주점을 하려면 꽤 많은 자본금이 필요하다고 한다. 어떤 이는 최소 자본금으로 1억을 꼽기도 하고, 많게는 2억가량을 투자해 규모가 큰 주점을 운영하는 경우도 있다. 하지만 주점의 규모는 상권과 입지, 아이템이나 규모에 따라 천차만별이다.

　주점 창업에 큰돈이 든다고 말하는 이유는 목이 좋은 주점

- 매장 임대료
  영업을 하는 데 필요한 매장 사용료로 보증금을 포함하는 개념이다. 보증금은 전체 창업비용의 20~40%로 정하는 게 안전하다. 권리금이 없는 점포를 임대하는 것도 좋지만 창업 초보자라면 권리금을 부담하고서라도 좋은 상권을 찾을 필요가 있다.
- 인테리어 비용
  인테리어는 매장을 꾸미는 데 필요한 공사나 도색하는 데 드는 비용이다. 전기공사 및 조명공사 비용과 도색, 간판, 가구 등의 구입비가 여기에 속한다.
- 시설 및 집기
  주방에 필요한 설비와 기물 자금을 말한다. 냉장고, 냉·난방기, 가스기구, 싱크대, 식기 등이 있으며 업종과 매장 규모에 따라 차이가 있다.
- 운영자금
  주류의 구매와 식재료를 구입하는 데 드는 비용을 뜻한다. 인건비와 일반 관리비 등이 포함된다.

에 비교적 높은 권리금이 형성돼 있기 때문이다. 특히 장사가 잘되는 핵심 상권에서는 주점 권리금이 1억 원대를 훌쩍 넘기는 경우가 많다. 또한 '강북권'과 '강남권' 등으로 분류되는 지역 차이도 무시할 수 없다.

하지만 입지에 따라 달라지는 권리금을 제외한다면 주점 창업 자체에 큰돈이 드는 것은 아니다. 세부 항목에서 비용을 줄여나가면 여타 업종에 비해 오히려 저렴한 비용에 창업할 수 있다. 주점 창업비용은 크게 매장 임대료와

창/업/포/스/트/잇

투자 금액을 예측해보자

주점을 창업할 때는 우선 매장 규모를 정한 뒤 그에 맞는 자금이 어느 정도 필요한지 계산해봐야 한다. 자신이 조달할 수 있는 자금을 정하고 그 범위 내에서 아이템을 결정하는 방법이다. 투자 금액을 정할 때는 가급적 세부 항목까지 정확하게 산출하는 게 중요하다. 실제 창업 시에는 처음 예상했던 것보다 비용이 더 들어가는 일이 많기 때문이다. 완벽하지는 않더라도 근사치에 가까운 금액으로 투자 금액을 정하면 자금을 운용할 때 시행착오를 줄일 수 있다.

인테리어 비용, 시설 및 집기, 그리고 운영자금 등으로 나눌 수 있다.

경쟁력 있는 주점 만들기

누구나 모방할 수 있는 매장이 아닌, 나만의 독창적인 경쟁력을 갖춘 매장으로 만들기 위해서는 타 매장과 차별화된 경쟁력이 필요하다. 술과 안주의 맛은 기본이고 서비스와 위생, 가게 분위기 역시 매장의 경쟁력에 영향을 미치는 요인이다.

주점 사장들은 까다로운 고객을 만족시키기 위해 매일같이 노력 중이다. 평균 3~4시를 훌쩍 넘어서는 마감 시간으로 낮과 밤이 바뀌는 생활을 하면서도 늘 웃는 얼굴로 고객에게 서비스해야 한다. 이것은 절대 쉽지 않은 일이다. 누구나 도전할 수 있는 업종이지만 그만큼 실패확률이 높은 업종이 바로 주점이다.

생각해보자. 5년 이상 영업을 하는 음식점은 많은 데 비해 오래된 주점은 찾아볼 수 없다. 이유가 뭘까? 음식점과 달리 주점은 고객의 취향이 즉시 반영되는 민감한 아이템이기 때문이다. 한 달 전의 고객과 한 주 전에 만났던 고객은 다르다. 단골이라도 매번 취향이 같을 수는 없다. 고객은 시시각각 분위기가 새롭고 관심이 가는 주점을 찾아서 마음이 움직인다.

이렇듯 빠르게 변하는 현실 속에서 주점 창업자가 염두에 둬야 할 것은 무엇일까? 끊임없는 호기심과 정보 수집, 그리고 타 매장을 벤치마킹하려는 의지다. '주점을 하는데 무슨 공부가 필요해?' 이렇게 생각한다면 경쟁력 있는 매장을 만들기 어렵다. 평소에 책이나 잡지를 꾸준히 읽고 각종 창업 세미나와 교육에 참여하는 것도 중요하다. 가장 중요한 것은 발품을 팔면서 끊임없이 시장조사를 하는 것. 특히 주점의 트렌드를 좌우하는 홍대 주변 상권이나 강남역, 압구정동, 대학로, 인사동 등을 돌면서 시장 상황을 파악하는 게 필수다. 사람들이 자주 가는 매장의 서비스와 분위기를 살펴보고, 고객의 반응도 확인해보자.

　시장조사를 꾸준히 하다 보면 어떤 아이템을 하는 게 좋을지 눈에 들어온다. 단순히 남들이 하는 아이템을 똑같이 따라

독창적인 주점을 만들기 위해서는 타 매장과 차별화된 경쟁력이 필요하다.

하라는 말이 아니다. 매장을 찾는 고객들의 니즈^{needs}를 파악하고, 자신이 개업하려는 매장에서 이를 얼마나 수용할 수 있는지 감안할 필요가 있다.

 개업할 때는 타이밍도 중요하다. 특히 유행에 민감한 우리나라는 창업 타이밍을 무시하기도 어려운 형편이다. 유행의 흐름을 감지하고 이를 적절히 반영하되, 고객을 이끌 수 있는 아이템으로 선정하는 것이 좋다.

> ### 주점 창업 전 반드시 따져봐야 할 요소
>
> **1. 충분한 자본금이 있는가?**
> 주점 창업이 음식점이나 다른 창업 업종에 비해 더 많은 자금이 필요한 건 사실이다. 보통 5000만 원 내외의 자금이 드는데 주점은 분위기와 공간이 중요한 업종인 만큼 인테리어와 규모 있는 공간이 필요하기 때문이다.
> 주점을 운영하면서 생각하지 못한 변수가 생길 수도 있기 때문에 예비자금도 필요하다. 주변에 경쟁 매장이 많다면 아무래도 자금력 있는 매장이 유리할 수밖에 없다. 하지만 무작정 돈을 투자한다고 해서 성공이 보장되는 것은 아니다. 우선 자신이 가진 자금을 어떻게 효과적으로 배분할 것인지 고민해보자. 주변에 주점을 운영하고 있는 이들에게 조언을 구해도 좋다.
>
> **2. 목이 좋은 매장을 얻었는가?**
> 가게 입지가 좋다고 모든 창업자가 성공할 수 있는 건 아니다. 입지가 좋아도 적자인 매장은 얼마든지 있다. 하지만 창업 초보자에게 입지 조건은 중요한 요소다. 아무리 좋은 아이템이라고 해도 입지와 궁합이 맞지 않으면 성공을 예측하기 어렵기 때문. 자신이 정한 주점 콘셉트에 맞는 고객을 확보하고 가게를 활성화하는 건 쉬운 일이 아니다. 창업 초보자일수록 점포에 위기가 닥쳤을 때 이에 효과적으로 대응하는 게 어려울 수도 있다. 하지만 개업할 때부터 목이 좋은 곳에 가게를 얻어두면 안정적으로 매장을 꾸려나갈 수 있다.

3. 매장의 콘셉트를 정했는가?

장사가 잘되는 주점에는 매장 고유의 콘셉트가 있다. 만약 호프집을 창업한다면 주변에서 흔히 볼 수 있는 호프집이 아니라, 자신만의 느낌이 묻어나는 호프집을 만들어야 한다. 예비 창업자들은 흔히 주점의 콘셉트 없이 서비스와 메뉴에만 신경 쓰는 경향이 있는데, 이렇게 되면 손님들에게 매장의 정체성이 무엇인지 제대로 설명할 수 없다. 우리 매장의 콘셉트를 정하면 가격과 서비스 측면에서 어떤 고객을 공략할지 눈에 보인다. 매장의 콘셉트는 곧 매장의 정체성과 같다는 사실을 잊지 말자.

4. 인력 활용 계획을 세웠는가?

처음부터 주점을 혼자서 운영할 계획이었다면 순진한 생각이다. 아무리 작은 매장이라도 혼자서는 운영하기 어렵다. 최소한 주방 한 명, 홀에서 일하는 아르바이트생 한 명을 뽑아야 매장이 돌아간다. 하지만 인력을 활용하는 일은 절대 만만치 않다. 아르바이트생이 갑자기 그만두거나, 주방장이 몸이 아파서 나오지 못하면 문제가 된다. 이 때문에 적정 인력은 물론, 예비 인력까지 감안해 매장을 운영할 필요가 있다. 보통 30평 매장을 기준으로 주방직원 한 명, 홀 직원 두 명을 뽑는 게 일반적이다.

창/업/포/스/트/잇

인테리어 콘셉트는 어떻게 정하는 게 좋을까?

주점 창업에서 인테리어는 매우 중요한 부분을 차지한다. 사람들이 주점을 찾는 이유는 느낌과 분위기에 휩쓸리는 경우가 많기 때문이다. 술을 마시는 것보다 술집의 분위기가 좋아서 오는 이들도 있다. 그동안 주점이라고 하면 조명을 어둡게 하고 편안한 분위기인지만 따졌는데, 최근에는 카페형 인테리어로 세련된 분위기를 연출하는 주점이 늘었다. 인테리어 콘셉트를 어떻게 해야 할지 모를 경우에는 되도록 다른 주점을 자주 방문하는 게 좋다. 사진을 찍어서 정리하고, 인터넷으로 이미지를 찾다 보면 인테리어를 보는 안목이 생길 것이다.

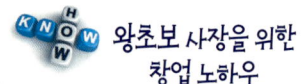 왕초보 사장을 위한
창업 노하우

점포 보증금이 부족할 때 대출받는 방법

1. 근로복지공단 점포형 창업 지원

점포형 창업지원은 서울과 광역시는 1억 원, 기타지역은 7000만 원까지 가능하다. 6개월 이상의 장기 실업자에 한해 대출이 가능하며 월세 점포와 전세 점포 모두 대출이 가능하다. 전세 점포는 연리 7.5% 이자를 납부하며, 월세 점포는 본인이 부담한다. 1~2년 단위로 계약하며 최장 6년까지 연장할 수 있다(문의: 1588-0075).

2. 소상공인시장진흥공단 정책자금대출

소상공인진흥공단에서 진행하는 컨설팅이나 교육을 이수한 사람에 한해 최고 7000만 원까지 대출받을 수 있다. 교육 수료 후 확인서를 발급받아 소상공인지원센터나 신용보증재단, 미소금융재단을 통해 대출을 받는다. 금리는 소상공인지원센터는 3%대, 미소금융은 4%대 이자가 붙는다. 구체적인 대출심사는 기관별로 다르므로 상담을 통해 결정된다(문의: 1588-5302).

3. 한국여성경제인연합회 창업대출

여성경제인협회와 여성가족부 등은 여성 가장의 창업을 지원한다. 여성경제인협회는 가구당 월 소득 117만 원 이하, 재산규모 6000만 원 이하의 저소득 여성 가장을 대상으로 점포 임차금 2000만 원을 지원한다. 융자기간은 2년이며 1회에 한해 2년 연장이 가능하다. 금리는 연리 4% 정도(문의: 02-369-0900).

여성가족부도 여성기술인력이나 저소득 여성 가장의 창업을 지원한다. 해당 분야의 기능이나 기술을 가진 여성에게는 연리 4% 수준으로 최고 7000만 원까지 대출해준다(02-2100-6000).

4. 지자체 창업대출

서울신용보증재단은 서울시 거주 자영업자와 예비창업자 중 일정 교육을 이수한 경우 최고 5000만 원까지 창업자금을 대출해준다. 서울산업진흥재단도 창업 후 1년 이내의 소상공인 대상으로 운용자금을 대출해준다(문의: 1577-6119). 경기도도 경기도소상공인지원센터의 교육을 12시간 이상 수료한 경우 운영비 2000만 원, 임차보증금 5000만 원 등 최고 7000만 원까지 자금을 지원한다(문의: 1544-9881).

인테리어를 위해 발품을 많이 팔면 자금을 아낄 수 있다.

핵/심/포/인/트/요/약

1. 주점 창업에 큰돈이 든다는 이유는 목이 좋은 주점에 비교적 높은 권리금이 형성돼 있기 때문이다. 특히 장사가 잘되는 핵심 상권에서는 주점 권리금이 1억 원대를 훌쩍 넘기는 경우가 많다. 또한 '강북권'과 '강남권'으로 분류되는 지역 차이도 무시할 수 없다.

2. 끊임없는 호기심과 정보 수집, 그리고 타 매장을 벤치마킹하려는 의지가 필요하다. '주점을 하는데 무슨 공부가 필요해?' 이렇게 생각한다면 경쟁력 있는 매장을 만들기 어렵다. 평소에 책이나 잡지를 꾸준히 읽고 각종 창업 세미나와 교육에 참여하는 것도 중요하다. 가장 중요한 것은 발품을 팔면서 끊임없이 시장조사를 하는 것. 특히 주점의 트렌드를 좌우하는 홍대 주변 상권이나 강남역, 압구정동, 대학로, 인사동 등을 돌면서 시장 상황을 파악하는 게 필수다.

PART 2.
실전에서 바로 써먹는 알짜배기 창업 수칙

02

숨겨진 알짜배기
상권 찾아내기

상권은 창업자라면 누구나 어려워하는 분야다. 상권은 보통 업소의 개수와 상품 종류, 상업 집적도 등에 의해 결정되는데 이를 유형별로 나눠보면 역세 상권, 도심 상권, 학원가 상권, 오피스 상권 등으로 구분할 수 있다. 나에게 꼭 맞는 알짜배기 상권을 어떻게 찾아낼까?

상권은 특정한 범위 내에서 상업이 활성화된 구역을 뜻한다. 한 마디로 장사가 잘되는 지역이다. 좋은 상권이라 함은 흔히 대중교통이 발달 돼 접근도가 좋고, 주변에 주점이나 다양한 업종이 밀집된 곳이다. 안정적인 상권일수록 충분한 유동인구가 확보돼 있는데, 지역에 따라서 점포별로 개성이 각각 다르므로 발품을 팔면서 조사하는 것이 가장 좋다.

지하철역을 중심으로 형성된 역세권은 하루 유동인구가 적게는 수만 명에서 많게는 수십만 명이 넘을 때도 있다. 어느 지역이든 역세권을 '중심 상권'이라고 부르는 이유다. 역세권은 고객이 풍부하고 남녀노소의 구분이 없고, 빠른 시간 이내에 매장을 알릴 수 있는 장점이 있다. 역세권 매장은 젊은 층을 대상으로 하는 것이 유리하다. 하지만 매장을 구하기 어렵고, 가격대가 높은 게 단점으로 꼽힌다. 이 때문에 투자 대비 수익률을 따져서 신중하게 골라야 한다.

명동이나 종로 등 도심상권은 유동인구가 많고 소비 집중도가 높은 곳이다. 사람들이 밀집돼 소비성이 강하므로 안정적인 매출이 보장된다. 하지만 상권을 구하기 어렵고 권리금이 높다. 명동을 예로 들면 매장마다 평균 권리금이 1억을 넘으므로 창업 아이템에도 제한이 생길 수밖에 없다.

이대나 홍대 주변 등 대학가는 단체 손님을 확보하기 쉽다는 장점이 있다. 주점이든 음식점이든 대학가는 단체 손님의 비중이 높은 편이다. 최근에는 값이 싸고 메뉴가 다양한 대학가를

주택가 상권은 안정적인 매출을 확보할 수 있는 무난한 상권에 속한다.

찾는 일반 고객의 비중도 높아지고 있어 권리금도 덩달아 높아졌다. 서울에서 대표적인 대학가 상권은 신촌과 홍대, 건대, 한양대 등이다. 이들 지역은 대부분 역세권을 겸하고 있어 상권 규모가 큰 편. 매장 권리금은 도심상권에 비해 낮지만 주머니 사정이 어려운 대학생들을 상대로 저가로 공략해야 한다는 점에서 결코 쉬운 상권은 아니다.

사무실이 밀집된 오피스 상권도 눈여겨볼 필요가 있다. 최근에는 오피스 밀집 지역에 주점을 내는 이들도 많다. 대표적인 오피스 상권으로는 구로디지털단지, 가산디지털단지 등이 있다. 하지만 주5일제 근무로 주말 매출이 타격을 입는 점이 단점이다. 주점의 수도 많아서 경쟁이 치열하다. 오피스 상권은 특히 점심 메뉴를 개발하는 등 낮 시간대 매출을 확보할 방법을 찾는 게 관건이다. 일반적으로 고층 빌딩보다 10층 미만의 오피스가 밀집된 상권이 유리하다. 오피스 상권이면서 배후 지역에 아파트와 주택이 밀집돼 있거나 학원가와 연계된 상권이라면 더욱 좋다.

주택가 상권은 안정적인 매출을 확보할 수 있는 무난한 상권에 속한다. 단독주택이나 중소형 아파트 밀집지역에 여기에 속한다. 이런 상권에서는 주말까지 영업해서 매출을 올릴 수 있다. 주5일제 시행으로 대부분의 가정에서 보통 주중에 1~2회 정도 외식을 하므로 이들을 공략해 메뉴를 개발할 필요가 있다. 주택가 상권은 일반적으로 아파트 상가나 지하철역, 혹은 버스정류장에서 아파트로 이어지는 골목에 발달해 있다. 주택가 상권은 동네 상권과 심리적으로 유대관계를 맺는 것이 좋다.

입지 선정의 기본 원칙

주점은 입지 선정이 까다로운

오피스 상권이면서 배후 지역에 아파트 단지가 연계된 상권이 좋다.

입지를 정할 때는 창업하려는 아이템에 맞는 입지를 가려내야 한다.

업종이다. 이 때문에 예비 창업자는 입지가 성공 창업을 좌우한다는 생각으로 신중을 기해야 한다. 외식업 경험이 없는 이들은 입지 선정이 결코 쉬운 일이 아니다. 소비자의 입장에서 가게를 평가하는 것과 가게 주인의 입장에서 보는 것은 큰 차이가 있기 때문이다.

주점 창업에서 입지를 정할 때는 몇 가지 원칙을 반드시 염두에 두어야 한다. 먼저 업종에 맞는 입지의 특색을 파악한다. 장사가 잘되는 프랜차이즈 매장은 대부분 1층에 있고 PC방이나 노래방 등은 지하에 있는 경우가 많다. 업종별로 맞는 점포가 정해져 있다는 뜻이다. 이 때문에 자신이 창업하려는 아이템에 맞는 입지가 무엇인지를 가려내야 한다.

역세권 상권은 임대료와 권리금이 비싸긴 하지만 안정된 상권을 보장받을 수 있다.

아이템에 맞는 입지를 정하는 데 고려해야 할 점 중 하나는 점포와 집과의 거리다. 많은 창업자가 집에서 가까운 곳에 점포를 얻어야 한다는 데 동의한다. 자영업은 일주일 내내 매장에 머물면서 일을 하는 경우가 많으므로 체력적인 부담이 크다. 장사가 잘되지 않을 때는 더욱 스트레스를 받기도 한다. 주점 창업은 장기적인 체력전이므로 자기관리를 잘하는 게 중요하다. 웬만큼 체력이 강하지 않으면 버텨낼 수 없는 업종이기도 하다.

창업자는 되도록 출·퇴근 시간이 최대한 가까운 곳을 점포로 정하는 게 좋다. 지하철역을 기준으로 하면 열 개 역을 넘지 말아야 하고 지도로 봐도 10km 이내인 곳이 좋다. 집에서 가까운 곳에 매장을 얻어야 하는 또 다른 이유는 그 주변을 창업자가 잘 알기 때문이다. 주점 창업 경험이 없는 이들이라면 낯선 지역에서 창업하기 어렵다. 하지만 자신이 아는 상권이라면 상권을 분석할 필요가 없고 스트레스도 반으로 줄일 수 있다. 고객의 성향을 알고 있으므로 어디에 집중해야 매출을 올릴 수 있는지도 쉽게 파악할 수 있다.

교통편도 무시할 수 없는 요인이다. 역세권 상권은 임대료와 권리금이 비싸긴 하지만 안정된 상권을 보장받을 수 있다. 실제로 지하철역 인근에는 크고 작은 상권이 형성돼 있는 경우가 많다. 직장인들은 지하철역을 중심으로 출·퇴근하므로 일정한 구매력을 갖고 있다.

백화점이나 할인마트 등 대형 매장이 가까운 곳은 고객 흡입력이 많아 유리하다. 이러한 대형마트에서 일하는 직원들의 수요도 무시할 수 없다. 이 때문에 대형마트 주변에는 음식점과 주점이 밀집된 경우가 많다. 전문상가나 상가 밀집지역 또한 좋은 입지에 속한다. 지하철역에서 300m 이내인 지역과 버스정류장에서 100m 이내인 지역은 입지가 좋은 편이라고 할 수 있다.

좋은 입지를 고르는 법

입지를 정할 때는 사람들의 동선을 파악하는 것이 중요하다. 수많은 길이 있어도 사람들은 최단거리를 택한다. 사무실에서 나와 집이나 버스정류장으로 향할 때는 골목길을 이용한다. 이런 동선을 유심히 살펴보고 점포를 구한다면 점포 앞 통행량을 매장으로 흡수할 수 있다. 또한 점포를 선택할 때는 배후지가 넓은 곳이 좋다. 배후지에 아파트나 주택 단지가 있다면, 회사원과 뜨내기손님뿐 아니라 가족 단위의 단골도 만들 수 있을뿐더러 주말 손님도 놓치지 않을 수 있다.

같은 형태의 매장이라면 위치와 지대가 낮은 곳이 유리하다. 창업 경험이 풍부한 이들이 조언하듯, 언덕길에 자리한 매장은 고객을 끌어모으기가 무척 어렵다. 또한 신축건물이라고 해도 2층보다 높은 곳에 있는 점포보다는, 건물이 낡았더라도 1~2층에 있는 점포를 선택해야 한다.

같은 형태의 매장이라면 위치와 지대가 낮은 곳이 유리하다.

가게 주변은 최대한 밝은 것이 좋다. 매장 내부 분위기가 어둡더라도 사람들이 지나는 길이 밝아야 유동인구가 늘어난다. 홍대 골목 상권을 떠올리면 이해가 쉽다.

주점이 들어서기에는 부적절한 상권도 있다. 예를 들어 병원이 밀집된 지역에서는 주점을 창업해서는 안 된다. 병원이 보이는 곳에서 술을 마시면 심리적으로 압박을 받는다. 또한 막다른 골목에 있는 점포도 좋지 않다. 통행이 불편하고 답답한 느낌을 주므로 고객이 발길을 돌릴 수 있기 때문이다. 이처럼 고객이 매장에서 기분 좋게 술을 마시는 데 방해가 되는 요소가 없는지 살펴보자.

점포의 형태를 보면 입지 못지않게 중요한 요소들이 많다. 상권이 좋은 점포라도 매장의 구조 때문에 손님이 오지 않는 경우가 많다. 좋은 점포는 손님이 쉽게 들어올 수 있는 매장이며, 매장에 들어왔을 때 곧바로 자리에 앉기 편해야 한다. 또한

창/업/포/스/트/잇

건물주가 누구인지 확인하라

건물주가 장사를 하는 사람이고 비슷한 업종을 운영하고 있다면 계약을 하지 않는 게 좋다. 비싼 권리금을 주고 장사를 하면서 어느 정도 안정된 매출을 올려놓아도, 건물주가 퇴거하라고 하면 나가야 하는 게 세입자다. 입주 점포가 장사가 잘되면 세입자를 내보내는 경우가 비일비재하다. 이 때문에 임대 계약을 하기 전, 건물주의 평판을 꼼꼼하게 따져보고 결정하는 게 좋다.

층수가 높은 점포보다, 건물이 낡았더라도 1~2층에 있는 점포를 선택해야 한다.

멀리서 봐도 간판이 잘 보이는 점포가 유리하다. 아무리 경쟁력 있는 아이템을 가졌어도 고객의 눈에 띄지 않는 매장이라면 매출이 오를 리가 없다. 매장이 육교나 가로수에 가려져 있지 않은지 확인하자. 다른 매장과 비교했을 때 눈에 잘 띄는지, 현관 캐노피에 간판이 가려지지는 않는지 세심하게 따져볼 필요가 있다.

매장 출입구가 계단으로 된 곳은 임대하지 않는 게 좋다. 고객에게 단절감과 부담을 줄 수 있기 때문. 고객은 입구가 평평하고 들어가기 쉬운 매장을 선호하며, 언덕에 있는 가게를 구태여 찾으려고 하지 않는다. 가게는 되도록 전면이 넓은 곳이 가시성이 좋고 홍보하기에도 알맞다. 평수가 같다면 전면이 넓은지 좁은지를 확인해보도록 하자. 또한 매장 내부는 고객이 보기에 답답하지 않고 넓은 느낌을 줘야 한다.

  1층 매장에 점포가 여러 곳 밀집돼 있다면 어떻게 하면 좋을까? 그럴 때에는 양쪽 끝에 있는 매장을 얻는 게 낫다. 매장 전면뿐 아니라 측면을 노출할 수 있으며 공간을 효과적으로 활용할 수 있기 때문. 중간에 낀 매장이라면 양옆에서 영업하는 사장의 눈치를 봐야 하는데 끝에 있는 매장은 그럴 필요가 없다. 지하철 빈자리에서 양 끝에 제일 먼저 앉는 심리와 비슷하다.

  매장에는 가급적 주차 공간이 있는 게 좋다. 최근에는 고객들이 술을 마시고 대리운전을 불러서 집에 가는 경우도 많으므로 주점까지 차를 가지고 오는 경우도 있다. 늦은 시간까지

매장에는 가급적 주차 공간이 있는 게 좋다.

차를 댈 수 있느냐, 없느냐는 주점의 경쟁력에도 영향을 미친다. 주류를 배달하는 차와 식자재 배달 차량이 수시로 드나들 수 있는 공간을 확보하는 것도 중요하다.

마음에 드는 매장을 발견했다면 임대하려는 점포의 이모저모에 대해 옆 점포에 물어보는 게 좋다. 매장 주인이 자주 바뀐다면 어딘가 문제가 있는 경우다. 주점을 했던 자리라면 더욱 그렇다. 이런 곳이 나오면 싸다고 무턱대고 계약할 것이 아니라 주변 상인에게 정보를 듣고 신중하게 판단하는 것이 좋다. 주변에 빈 점포가 많아 임대를 놓은 매장이 많아도 조심해야 한다. 가게 안이 지저분하거나 건물이 너무 낡은 경우에는 매장 분위기에 영향을 준다. 주변에 오래된 업소들이 많은 것은 상

초보자라면 권리금이 너무 비싸거나 아예 없는 매장은 선택하지 않는 게 좋다.

권이 죽어가는 증거이니 유념하는 것이 좋다.

권리금, 없는 것보다 있는 게 낫다

권리금은 모든 창업자에게 가장 큰 골칫거리다. 창업비용에서도 큰 비중을 차지하는 데 비해 법적으로는 보장받을 수 없는 돈이기 때문이다. 권리금은 부동산을 임대할 때 보증금과 임대료 외에 세입자 간 주고받는 돈으로 상권에 대한 안정성을 보장해주는 장치다. 하지만 법적 구속력이 없고 계약 이후 계약 당사자 간에 문제가 생겼을 때도 건물주가 권리금을 지급할 의무가 없다.

만약 가게를 임대할 때 세입자에게 권리금 명목으로 5000만 원을 주었다면 이 돈은 공중에 흩어진 돈이라고 봐야 한다. 장사를 잘해서 다음 계약자에게 돈을 받을 수도 있지만, 장사를 못하고 나갈 경우에는 오히려 큰 손해를 볼 수도 있다. 자금 사정이 넉넉지 않은 창업 초보자가 높은 권리금을 부담하기에는

창/업/포/스/트/잇

임대 시 전기와 도시가스, 정화조 위치를 따져보자

많은 창업자가 계약 전 전기·전압을 확인하지 않는다. 하지만 창업에서 전기 문제는 꽤 중요하다. 매장에서 쓸 수 있는 전압은 어느 정도인지 확인해보라. 보통 30평 기준으로 20Kw를 사용한다. 이보다 모자란다면 에어컨이나 가습기를 사용할 때 문제가 생길 수도 있다. 부동산에서 계약할 때 물어보면 이 점은 쉽게 알 수 있다.

한계가 있을지 모른다.

> **권리금 계산법?**
> 매장 순이익×12개월(6개월)
> : 월 매출이 2000만 원에 순수익이 1000만원일 경우 1000만 원×12개월인 1억 2000만 원을 권리금으로 받는다.

그렇다고 권리금이 없는 매장에서 영업하는 것도 쉽지 않은 일이다. 권리금이 없다는 것은 상권이 형성되지 않았거나 임대료가 그만큼 비싼 경우에 해당한다. 이 때문에 초보 창업자라면 권리금이 너무 비싸거나 반대로 권리금이 아예 없는 매장은 선택하지 않는 게 좋다. 프랜차이즈 가맹을 하지 않을 거라면 권리금이 적당히 있는 매장을 골라야 한다.

부동산 권리금의 종류

매장 권리금은 정답도, 공식도 없다. 보증금처럼 일정하게 딱 떨어지는 문제도 아니다. 매장 권리금은 매장 영업 상황이나 기존의 세입자 입장, 시세, 감가상각을 반영하며 바닥 권리금, 시설 권리금, 영업 권리금으로 분류할 수 있다.

• 바닥 권리금

바닥 권리금은 지역과 상권 입지에 대한 비용을 뜻한다. 역세권이나 도심 상권, 주택가 상권 등에 따라 바닥 권리금이 각각 다르며, 상권마다 매장 입지나 형태에 따라 바닥 권리금이 형성돼 있다. 번화가와 역세권이라고 해서 무조건 바닥 권리금이 많은 게 아니다. 주택가 상권이라고 해도 권리금이 많을 수 있다. 중요한 것은 얼마나 안정적으로 높은 매출을 올릴 수 있는지 여부다.

• 시설 권리금

시설 권리금은 인수하려는 매장의 시설에 지불하는 대가다. 주점이라면 인테리어와 집기, 주방 설비 등에 대해 지불하는 금액이다. 동종업종인 주점을 그대로 인수할 경우 물건을 새로 살 필요가 없으므로 시설 권리금을 지불하는 것이 맞다. 각 물품은 감각상각을 고려해 중고가로 정하는 게 일반적인데, 이때도 3년이 지난 시설이나 집기에 대해서는 권리금을 적용하지 않는다.

역세권이나 도심 상권, 주택가 상권 등에 따라 바닥 권리금이 각각 다르다.

• **영업 권리금**

평수가 비슷하다고 해도 매장의 매출에 따라서 영업 권리금이 달라질 수 있다. 예컨대 월 매출이 3000만 원인 곳과 1000만 원인 매장은 권리금이 다르다. 영업 권리금의 맹점은 지표상의 수치로 입증할 수 없다는 것. 신뢰도가 떨어지는 것도 단점이다. 이 때문에 영업 권리금은 동종 업종인 경우에만 적용하는 게 일반적이다. 다른 업종의 경우 영업 권리금을 인정받을 수 없다.

점포 계약 시 주의할 점

점포를 계약하기 전에 챙겨야 할 것은 충분한 자료 조사와 매장 검토다. 한 번 계약한 것은 도로 무를 수 없을뿐더러 계약을 하는 데에도 막대한 시간과 비용이 들기 때문이다. 마음에 드는 점포를 발견했다고 해도 그 자리에서 계약하는 것은 성급한 태도다.

자신이 원하는 점포라고 해서 다 계약할 수 있는 것도 아니다. 건물 규모와 업종이 주

시설이 좋은 곳일수록 전용면적 비율은 낮아진다.

점의 특성과 맞는지 확인해야 한다. 지하 매장이 지나치게 깊은 곳에 있거나, 출입구에 계단이 있다면 계약하지 않는 게 좋다. 주점을 하기에 적당한 목이 아니기 때문이다.

바닥 수평이 기울거나 평평한지 등을 확인하고, 점포의 전용면적 평수를 확인하는 것도 중요하다. 일반적으로는 임대 평수와 실제 평수에 차이가 있기 때문에 실제 면적이 얼마인지 정확히 계산한 뒤, 계약서상의 매장 규모와 비교해보자. 천장 높이를 확인하는 것도 중요하다. 주점은 천장이 낮은 것보다는 높은 게 더 유리한데, 천장이 높으면 공간이 넓게 느껴지면서 배기시설을 설치하기 쉽고, 인테리어를 하기도 편리하다.

전용면적과 임대면적의 차이

가게의 규모는 보통 면적으로 계산하는데, 크게 임대면적과 전용면적으로 구분한다. 임대면적은 공동으로 사용하는 계단이나 엘리베이터, 주차장을 포함한 면적이며 전용면적은 순수하게 가게만을 계산한 면적이다. 이 때문에 시설이 좋은 곳일수록 부대시설이 많고 전용면적 비율은 낮아질 수밖에 없다. 경우에 따라서는 전용면적이 50%에 불과한 곳도 있다.

공인중개업소에서는 물건을 중개하기 위해 점포의 단점은 말하지 않고 장점만 부각하는 경향이 있다. 장사가 잘된다거나 좋은 물건이니 다른 사람이 가로채기 전에 먼저 계약하라는 식으로 부추기는 것이다. 그러면 세입자들은 공인중개사 말만

마음에 드는 점포가 있다면 주변의 권리금 동향, 지역 상인들의 평판, 부동산 여러 곳을 방문해본 뒤 결정하는 게 좋다.

믿고 덜컥 계약하는 경우가 많다.

하지만 지금 당장이 아니면 계약할 수 없는 매장은 애초에 내가 계약할 점포가 아니라고 생각하는 쪽이 마음 편하다. 주점 창업은 적지 않은 돈이 투자되는 사업이므로 여러 번 신중하게 생각해도 지나치지 않다. 일단 마음에 드는 점포가 있다면 주변의 권리금 동향, 지역 상인들의 평판, 그리고 부동산 여러 곳을 방문해본 뒤 결정하는 게 좋다. 특히나 권리금의 차이는 가급적 직접 비교를 해보고 결정하는 것이 손해를 최소화하는 길이다.

점포 임대 계약 시 확인해야 할 서류로는 등기부등본과 도시

계획확인원, 그리고 건축물관리대장 등이 있다. 먼저 등기부 등본을 보면 건물주가 빚이 얼마나 있는지 확인할 수 있다. 금융권에 저당이 많이 잡힌 건물은 입지가 아무리 좋아도 권리금을 다 주면 안 된다. 자리가 좋아서 임대하는 경우에는 권리금을 손해 볼 수 있다는 점을 염두에 두어야 한다.

도시계획확인원은 점포가 있는 지역에 도시계획이 있는지를 확인시켜주는 서류다. 매장이 있는 건물이 재개발이나 재건축에 들어가면 권리금을 받을 수 없으므로 반드시 확인해야 한다. 주변에 도로나 건물이 공사하지 않는지도 반드시 확인할 것. 공사 때문에 영업하지 못해도 계약 후에는 항의할 수 없기 때문이다.

건축물관리대장은 건축물관련법에 해당하는 건축물에 대해 관리하는 문서로 건물의 증축사항이나 개축사항, 재축, 이전, 용도 변경 등 건축물의 표시에 관한 사항을 비롯해 건축물의 소유권 변동사항 등이 기재돼 있다.

창/업/포/스/트/잇

다운계약서를 주의하라

임대차 계약을 맺을 때 임대인의 요구 사항을 듣다 보면 간혹 다운계약서를 작성하자고 하는 경우가 있다. 이는 실제 계약 내용과 계약서상의 금액을 다르게 적는 것으로 엄연한 불법이다. 세무조사에서 발각되면 임대인은 매출 누락으로 세금 추징을 당하며 임차인 역시 세금을 추가로 부담해야 할 수도 있다.

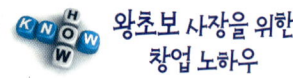
왕초보 사장을 위한
창업 노하우

건물주와 협상할 때 이것만은 꼭!

1. 보증금과 임대료, 관리비를 확인한다.
2. 임대료 면제기간을 확인한다. 계약 후 인테리어 공사를 감안하면 실제 개업하기까지 약 1개월이 걸리는데 이때 영업하지 못해 손해가 난 부분에 대해 임대료 면제를 협상한다. 집주인이 1개월은 승낙해주기도 하지만 그렇지 않은 경우도 있다.
3. 시설 변경 여부를 확인한다. 매장 콘셉트와 건물 형태에 따라 내·외장 공사가 필요할 수도 있다. 공사할 수 있는지 승낙을 받되 건물주가 까다롭다면 공사를 못할 수도 있다.
4. 유사 업종을 인수해 매장을 이용한다면 문제가 없지만, 타 업종일 경우 시설을 철거해야 하는 문제가 남는다. 매장을 임대하기 전과 똑같은 상태로 만들 수는 없지만, 건물주와 적정한 범위를 합의하자.
5. 간혹 전기와 가스 용량이 부족한 경우가 있는데 이때 건물주에게 증설 공사를 해도 되는지 허락을 받아야 한다.
6. 임차계약서는 건물주와 맺은 계약 내용으로 계약 기간을 반드시 확인해야 한다. 예를 들어 임차기간이 얼마나 남았는지, 계약서상의 불리한 내용은 없는지 확인하고 계약 당사자가 건물주가 맞는지, 보증금이나 월세가 정확히 기재돼 있는지 확인할 필요가 있다.
7. 공과금영수증을 보면 가게 주인이 공과금을 제때 냈는지 알 수 있다. 계약 당일 다른 서류와 함께 넘겨받는 게 일반적이다. 공과금 내역은 전기, 수도, 가스를 비롯해 신문 구독료나 인터넷 요금 등이 밀리지 않았는지 꼼꼼하게 확인하자.

핵 / 심 / 포 / 인 / 트 / 요 / 약

1. 창업자는 되도록 출·퇴근 시간이 최대한 가까운 곳을 점포로 정하는 게 좋다. 지하철역을 기준으로 하면 열 개 역을 넘지 말아야 하고 지도로 봐도 10km 이내인 지역이 좋다. 집에서 가까운 곳에 매장을 얻어야 하는 또 다른 이유는 그 주변을 창업자가 잘 알기 때문이다. 주점 창업 경험이 없는 이들이라면 낯선 지역에서 창업하기 어렵다. 하지만 자신이 아는 상권이라면 상권을 분석할 필요가 없고 스트레스도 반으로 줄일 수 있다. 고객의 성향을 알고 있기 때문에 어디에 집중해야 매출을 올릴 수 있는지 쉽게 파악할 수 있다.

2. 자금 사정이 넉넉지 않은 창업 초보자가 높은 권리금을 부담하기에는 한계가 있을지 모른다. 그렇다고 권리금이 없는 매장에서 영업하는 것도 쉽지 않은 일이다. 권리금이 없다는 것은 상권이 형성되지 않았거나 임대료가 그만큼 비싼 경우에 해당한다. 이 때문에 초보 창업자라면 권리금이 너무 비싸거나 반대로 권리금이 아예 없는 매장은 선택하지 않는 게 좋다.

PART 2.
실전에서 바로 써먹는 알짜배기 창업 수칙

03

매출 올려주는 인테리어는 따로 있다

인테리어는 주점 창업에서 가장 중요한 부분이라고 해도 과언이 아니다. 주점은 분위기에 따라 매출이 좌우되므로 고객들은 맛과 서비스가 비슷한 주점이라면 분위기가 좋은 곳을 선택하기 마련이다. 이 때문에 최근에는 주점 인테리어를 또 하나의 마케팅 수단으로 보는 점주들이 늘고 있다. 그만큼 치밀하고 계획적으로 해야만 실패 위험을 줄일 수 있다는 얘기다.

가게 콘셉트를 어떻게 정하느냐에 따라 인테리어 분위기도 달라진다.

인테리어, 어떻게 하면 좋을까?

예비 창업자 중에는 인맥도 없고 자금도 많지 않아서 인테리어를 어떻게 해야 할지 모르겠다고 하소연하는 경우가 많다. 주점 인테리어는 단순히 집안을 꾸미는 것과 다르므로 경험과 지식이 없으면 실패할 위험이 크다. 이 때문에 초보 창업자일수록 여러 주점을 돌아다니면서 발품을 팔고 벤치마킹하는 것이 유용하다.

인테리어는 다름 아닌 '매장의 콘셉트'이다. 콘셉트를 어떻게 정하느냐에 따라 가게 인테리어 분위기도 확연히 달라진다. 시공업체를 정할 때도 뚜렷한 콘셉트를 가진 상태에서 요구사항을 말해야 자신이 원하는 인테리어를 할 수 있다. 만약 업체에서 고객의 요구사항을 듣지 않고 일방적으로 권유하기만 한다면, 다른 업체를 찾는 과감함도 필요하다.

 인테리어가 반드시 고급스러울 필요는 없다. 어떤 창업주는 인테리어에 돈을 너무 많이 써서 예비 자금을 마련하지 못하는 경우도 있는데, 고급스러운 것보다는 자신이 원하는 콘셉트를 정확히 표현해내는 게 중요하다. 인테리어의 목적이 더 많은 고객을 창출하는 것이라는 사실을 잊어서는 안 된다.

 그렇다면 인테리어를 할 때 가장 신경 써야 할 곳은 어디일까? 주점에서 가장 중요한 공간은 주방이다. 주방은 매출이 발생하는 근원지이자 냉장고와 집기 등 중요 설비가 모여 있는

인테리어에서 가장 신경 써야 할 곳은 주방이다.

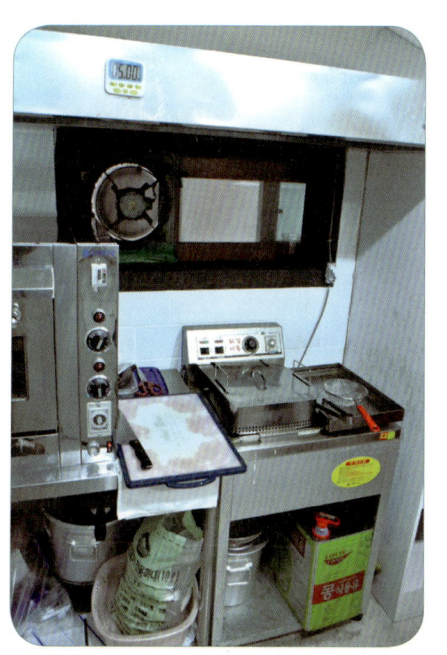
동선이 효율적인 주방은 메뉴를 조리하는 시간도 빨라지고 업무 스트레스도 줄어든다.

곳이다. 주방의 규모와 위치를 제대로 정해두지 않으면 개업 이후 후회할 일이 생길 수도 있다. 하지만 대다수의 창업자가 주방 설계에는 둔감하다. 어림짐작으로 주방을 꾸렸다가는 나중에 반드시 문제가 발생한다.

자신이 직접 음식을 한다는 생각으로 머릿속으로 수차례 이미지를 만들어보면서 예행연습을 해야 한다. 설비 배치도 무시할 수 없는 요소다. 주방은 가장 역동적인 공간이다. 식재료가 끊임없이 오가며, 끓이고 볶고 튀기는 과정에서 주방장의 움직임이 바빠진다. 만약 주방이 불편하다면 주방장이 스트레스를 받을 것이고, 이는 메뉴에도 좋지 않은 영향을 끼쳐 좋은 요리가 나오지 않는다.

싱크대와 냉장고, 조리대, 가스레인지 등 주방 설비가 제 위치에 있는지, 동선은 효율적으로 짜여 있는지를 꼼꼼하게 확인할 필요가 있다. 동선이 효율적인 주방은 메뉴를 조리하는 시간도 빨라지고 업무 스트레스도 줄어든다.

조명 또한 무시할 수 없는 변수다. 주점에서는 조명을 어떻게 설정하는지에 따라서 매장 분위기가 새롭게 변한다. 음식점의 경우 불편하지 않도록 환한 조명을 설치하면 되지만, 주점은 너무 환하거나 지나치게 어두워도 문제다. 적절한 분위기를 내는 게 핵심이다. 밝기는 적당하게 고객의 마음에 들도록 감각적인 요소를 반영해야 한다. 고객이 매장 안에 있으면 평소와는 다르게 보이도록 하는 게 핵심이다. 흔히 '조명발이 살아야 손님이 모인다'고 하는 건 그 때문이다.

공사를 발주하는 방법은 크게 세 가지로 분류한다. 공사를 하나씩 분리해서 발주하는 방법과 일부 공사는 업자에게 맡기고 나머지를 발주하는 방법이 있다. 공사에 관여하는 게 부담스럽고 걱정된다면 일괄 도급 계약을 맡겨도 된다. 일괄 도급 계약은 실내 장식이나 디자인을 통일할 때 유용하다. 시간이 없거나 적당한 업체를 찾지 못할 때 일괄 도급을 맡기면 유용하다.

주방 설비 시 주의사항은?

주방 설비에는 상하수도, 가스

위생 관리가 잘된 주점 화장실

창/업/포/스/트/잇

인테리어에는 화장실도 포함된다

주점 인테리어에서 주방 다음으로 중요한 공간은 화장실이다. 화장실은 인테리어의 마무리라고 할 수 있다. 술을 파는 곳이라고 해서 화장실이 중요하지 않다고 생각하면 안 된다. 고객은 화장실이 청결한 주점, 화장실에 오래 머물고 싶은 주점에 마음을 준다. 만약 건물 화장실을 공동으로 쓰는 경우라면 다른 점주들과 상의해 화장실을 점차 개선해나가야 한다. 자기 돈을 들여서라도 화장실에 투자할 수 있는 적극성을 보여라.

공사, 배기용 닥트 설비 등이 포함된다. 보통은 설비와 배관 공사를 진행한 뒤 방수를 포함한 바닥 공사를 진행하는 게 일반적이다. 그다음으로는 전기 공사를 한 뒤에 닥트 공사와 목공사를 진행한다. 주방은 상·하수도 시설을 중심으로 설계하는 게 보통이다. 그렇게 하지 않을 경우 공사가 커진다. 점포에 온수 시설이 안 돼 있다면 순간온수기를 설치한다. 이때 가스로 할지 전기식으로 할지 결정하는데, 가스식 온수기는 유지비가 상대적으로 적게 들어간다. 수도꼭지는 반드시 주름식 수도꼭지로 정한다. 주방 배기 닥트 시설의 경우, 용량과 위치가 정확해야 음식 냄새를 제거할 수 있다.

주점 운영에 필요한 집기

- **냉·난방기**

냉·난방기를 사용할 때 가장 중요한 건 용량이다. 주점 매출과

직결되는 부분이므로 매우 중요하다. 기기에 따라 용량이 다르므로 매장 평수에 따라서 기기를 신중하게 구입해야 한다. 일반적으로는 실제 평수보다 용량이 두 배 정도 큰 것을 선택해야 안심하고 쓸 수 있다. 돈을 아낀다고 작은 용량을 선택하면 매장 내에 손님이 많을 때 클레임이 생길 수 있다. 설비할 때는 흡기와 배기에 따른 공기 흐름이 잘 파악되는 곳으로 위치를 정해야 문제가 생기지 않는다.

• 냉동·냉장고

가정용이 아닌 업소용 기기를 써야 한다. 업소용 냉장고는 냉장과 냉동 위치가 가정용과 다르며 칸이 분리돼 있다. 창업자들은 냉동·냉장고는 A/S를 고려해 가급적 새것으로 구입하라고 권한다. 냉장고의 경우 한 번 들어가면 옮기기 어려우므로 처음부터 신중하게 자리를 잡아야 한다. 업소용 냉장고는 브랜드 제품을 사용하는 것이 고장을 막아주고, 에너지 효율 면에서도 좋다.

냉동·냉장고는 A/S를 고려해 가급적 새것으로 구입한다.

• 화구

음식을 만드는 기기인 화구는 주방기구 중에서 매우 중요한 역할을 한다. 주점의 경우 1구 화구, 2구 화구 등을 쓰는데 탕이나 볶음 안주가 많을 경우 화력이 센 기구를 쓰는 게 좋다.

• 주류 쇼케이스

주류를 보관하는 냉장고를 쇼케이스라고 한다. 주류의 전시효과로 투명 유리로 된 장이다. 보통은 도매업체에서 대여해주는 편. 주류 판매량에 따라 다르지만 일반 호프집에서는 20평당 한 대를 사용하는 게 보편화 돼 있다.

• 업소용 그릇

그릇을 구입할 때는 남대문 시장이나 황학동 시장에서 구입하는 경우가 많다. 도자기로 된 그릇은 멋은 있지만 무겁고 설거

초도물량, 어느 정도가 적당할까

초도물량이란 장사를 시작하면서 처음에 사입하는 식자재 물량을 뜻한다. 주점에서 필요한 식자재는 그 종류가 다양하지만 전부 준비할 필요는 없고, 주방장과 의논해 결정하는 게 가장 편하다. 사입할 때 주의할 점이 첫째, 분량을 지나치게 많이 하지 않는다. 둘째, 사용 여부가 분명하지 않은 품목은 사입하지 않는다. 셋째, 주자재의 사입처는 한두 곳 이상 확보한다. 넷째, 재료별 신선도가 유지될 수 있는 시간을 염두에 두고 사입한다.

지할 때 불편한 단점이 있다. 일반 주점에서는 가벼운 세라믹이나 플라스틱 식기를 구입하는 게 좋다.

　예비 창업자들이 주방 기기를 구입할 때 자주 가는 곳이 서울 중앙시장 인근에 자리한 황학동 시장이다. 마음에 드는 물건이라고 해서 곧바로 구입하면 바가지를 쓸 수도 있기 때문에 보통 세 곳 정도 견적서를 의뢰해 비교해본 다음 적정선에서 가격을 타협하는 게 좋다. 황학동 시장에는 중고 장비와 기물도 많은데 창업 초보자라면 웬만한 장비는 신제품으로 구입하는 게 바람직하다. 자칫 잘못 구입할 경우 수리비가 훨씬 더 많이 나올 수 있으니 주의할 것.

핵 / 심 / 포 / 인 / 트 / 요 / 약

1. 주점에서 가장 중요한 공간은 주방이다. 주방은 매출이 발생하는 근원지이자 냉장고와 집기 등 중요 설비가 모여 있는 곳이다. 주방의 규모와 위치를 제대로 정해두지 않으면 개업 이후 후회할 일이 생길 수도 있다. 하지만 대다수의 창업자가 주방 설계에는 둔감하다. 어림짐작으로 주방을 꾸렸다가는 나중에 반드시 문제가 발생한다.

2. 공사를 발주하는 방법은 크게 세 가지로 분류한다. 공사를 하나씩 분리해서 발주하는 방법과 일부 공사를 업자에게 맡기고 나머지를 발주하는 방법이 있다. 공사에 관여하는 게 부담스럽고 걱정된다면 일괄 도급 계약을 맡겨도 된다. 일괄 도급 계약은 실내 장식이나 디자인을 통일할 때 유용하다. 시간이 없거나 적당한 업체를 찾지 못할 때 일괄 도급을 맡기면 유용하다.

PART 2.
실전에서 바로 써먹는 알짜배기 창업 수칙

04

창업 전 1개월이
성공을 좌우한다

유비무환. 철저한 준비만이 창업 이후 시행착오를 줄일 수 있다. 개업 전 점포를 얻고 집기를 준비하는 과정이 '하드웨어'라면, 메뉴를 정하고 가게를 마케팅하는 것은 '소프트웨어'에 해당한다. 입지가 좋고 실내가 넓은 매장이라도 정작 어떤 메뉴를, 어떻게 팔 것인지에 대한 고민이 없다면 무용지물이다. 개업 1개월 전에 챙겨야 할 것들을 꼼꼼하게 분석해보는 것이 필요하다는 얘기다.

안주 종류는 상권과 매장 규모에 따라 다르다.

주점 창업자라면 누구나 '우리 가게에는 안주가 많았으면 좋겠다'고 한다. 메뉴가 많아야 손님이 선택할 폭도 넓고, 그만큼 안주 매출이 많을 것으로 생각하기 때문이다. 일부 주점에서 하는 것처럼 서너 가지 메뉴를 세트로 주문하면 할인해주는 식의 영업 방식을 생각해볼 법도 하다.

안주 메뉴를 몇 가지로 한정하느냐는 정답이 없는 문제다. 점포가 입지한 상권에 따라서, 매장 규모에 따라서 각각 다르기 때문이다. 우선 안주의 종류와 가격을 정하기 위해서는 주변 지역의 상황을 잘 알아야 한다. 상권의 소비 수준과 고객의 성향, 경쟁 업소의 수, 안주의 질과 가격에 대해 자세히 분석할 필요가 있다. 사장이 혼자서 시장 조사를 하는 것보다는 주방

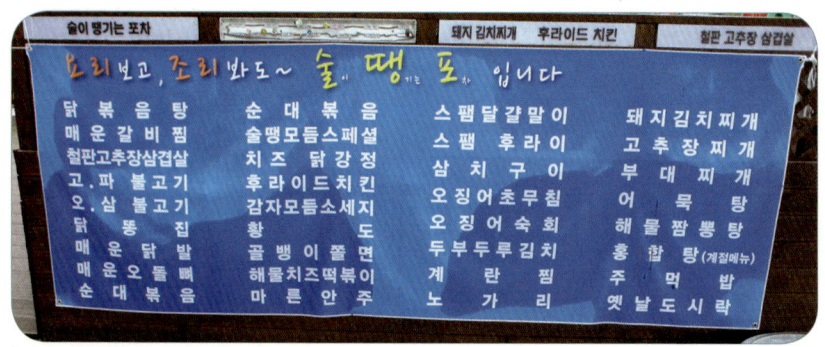

메인 안주의 종류는 매장마다 차이가 있다.

장과 동행하며 메뉴를 찾아보는 것이 좋다.

　주방장은 사장의 속마음을 잘 이해해줄 수 있는 사람이어야 한다. 요리할 줄 모르는 사장이 주방장을 잘 다루려면 속마음을 알아야 더 소통하기 쉽기 때문이다. 주방장은 실력도 중요하지만 사장의 요구를 융통성 있게 반영할 수 있는 인성을 갖춘 사람이 적당하다. 사장은 주방장이 자신의 역량을 발휘해 좋은 맛을 낼 수 있도록 이끌어내줄 필요가 있다.

　메뉴를 정할 때는 지나치게 유행을 따를 필요는 없다. 유행을 따르다 보면 주점의 개성이 사라지고 음식의 질도 떨어진다. 안주 메뉴 역시 시대의 흐름에 따라서 계속 변하기 마련이다. 유행을 배제할 수는 없지만 긴 안목으로 주점이 지향하는 정체성을 놓치지 않고 메뉴를 정하는 게 좋다.

　식재료를 정기적으로 배급해줄 거래처를 확보할 때는 거래처의 위치가 너무 멀거나, 재료 원가가 비싼 곳은 거래하지 않

창/업/포/스/트/잇

계절 안주를 판매하라

계절 안주를 구성할 때는 여름 메뉴판과 겨울 메뉴판을 따로 만들어두는 게 좋다. 메뉴판 하나에 계절메뉴 코너를 따로 만들어두는 것은 신선함이 떨어진다. 안주를 개발하는 건 쉽지 않은 일이지만 떨어진 매출을 만회하기 위해서는 계절 안주가 반드시 필요하다.

는 게 좋다. 5년 이상 영업하는 주점은 자신만의 독특한 안주 메뉴를 갖고 있다는 사실을 기억하자.

메인 안주는 열 가지 내외로 정하는 것이 일반적이지만 이 또한 계절과 시기에 따라 조금씩 다르다. 다른 주점에서 인기 있는 메뉴를 무조건 따라 할 필요는 없다. 예를 들어 감자튀김 이 마진율이 높다고 해도, 주방장이 감자튀김을 잘 조리할 수 없다면 빼는 것이 낫다. 메인 메뉴는 메뉴판 구성 시 가장 오른쪽 상단에 배치하는 게 눈에 잘 띈다.

안주 매출을 우습게 여기지 마라

주점 장사는 술을 팔아서 이윤을 크게 남기는 것으로 생각하는 이들이 의외로 많다. 하지만 요즘은 술은 적게 마시면서 맛있는 안주를 찾는 고객들이 늘고 있다. 안주가 단순히 보조 메뉴라고 생각하면 착각이다. 안주는 그 자체만으로도 경쟁력을 갖추어 술과 함께 시너지 효과를 낼 수 있어야 한다.

특히 주점의 특색에 맞는 차별화된 안주 메뉴는 반드시 필요하다. 주점이 일반 음식점과 다른 이유는 다양한 안주를 제공할 수 있다는 점 때문이다. 한 가지 대표 안주만으로 승부하는 건 위험한 발상이지만, 매장을 대표하는 네다섯 가지 종류의 안주는 반드시 필요하다.

주점 사장이 주방장을 고용할 경우에는 음식을 직접 조리할 필요가 없지만, 경우에 따라서는 사장이 요리해야 할 때도 있다. 예를 들어서 주방장이 아프거나 갑자기 그만두면 당장 고객에게 안주를 만들어줄 인력이 부족하다. 이 때문에 사장은 시간이 나는 틈틈이 주방장에게 안주 메뉴 조리법을 배워두는 게 좋다.

사장은 메뉴판에 있는 안주를 직접 요리할 수 있어야 한다.

왕초보 사장을 위한 창업 노하우

주점을 열려면 위생교육도 받아야 한다고?

주점 창업에는 행정적인 절차가 있다. 복잡하지는 않다. 관할 세무서에 사업자등록을 한 뒤 위생교육을 받고 영업신고만 하면 된다. 주점이 지하일 경우 소방시설완비증명서를 발부받아야 한다.

사업자등록 발부받기

모든 사업자는 신규 사업 시 사업 개시 20일 이내에 반드시 사업자 등록을 해야 한다. 사업장 소재지 관할 세무서에 있는 민원 봉사실에 서류를 신고하면 된다. 이때 구비해야 할 서류는 사업자등록신청서 1부(법인일 경우 법인등기부 등본 1부), 사업허가증 사본 1부, 2인 이상 공동으로 사업하는 경우 공동사업 사실을 증명하는 동업계약서 등의 서류가 필요하다.

위생교육필증 발부받기·영업신고 하기

영업허가를 받기 위해서는 위생교육을 받고 필증을 만들어야 한다. 위생교육은 매주 월·수·금요일 9시에 한국음식업중앙회에서 실시하며, 증명사진 1매와 교육비(1만 9000원), 주민등록증을 챙겨가야 한다. 영업신고를 할 때는 관할 구청에 위생교육필증과 소방시설완비증명서, 건축물관리대장 등을 제출하면 된다.

시행착오를 줄여주는 실전 영업 노하우

술맛이 좋고 주점 분위기가 좋으면 손님이 붐비던 시절이 있었다. 하지만 세상이 달라졌다. 지금은 가만히 앉아서 기다린다고 손님이 매장으로 찾아오지 않는다. 주점 역시 여느 업종과 마찬가지로 치열한 마케팅과 판촉을 하지 않으면 살아남을 수 없다. 주점에 가보면 대부분 한두 가지 이벤트쯤은 상시로 진행하고 있지 않은가. 술과 안주가 잘 팔리게끔 메뉴의 콘셉트를 정하고 매장의 분위기와 서비스까지 갖춰놓았다면 본격적인 판촉으로 고객을 매장으로 끌어들일 차례다.

1. 플래카드 걸기

플래카드는 일반적으로 개업 전에 점포에 걸어둔다. 점포마다, 공사 기간에 따라 다르지만 임대 계약을 하고 개업 날까지 영업하지 않는 기간에 매장 전체 또는 간판 자리에 플래카드를 걸어두는 경우가 많다. 플래카드에는 한눈에 들어오는 카피를 적어두고, 매장의 로고나 이미지를 넣어 고객의 시선을 끌 필요가 있다.

2. 전단지 배포

전단지를 배포할 때는 크게 두 가지 방법을 쓴다. 신문에 끼워서 배포하거나 직접 돌리는 방법이다. 전단지 배포가 효과가 없다고 하는 이들도 있지만, 어떤 방법으로 활용하느냐에 따라

차이가 크다. 신문 삽지는 일간지를 중심으로 가정과 사무실에 광범위하게 배포하는 게 좋다. 일반적으로 개업 전 2~3회가량 이벤트 내용이나 경품권을 넣어서 배포한다.

3. 개업떡 돌리기

점포가 동네 상권에 있다면 개업 날 특히 신경 써야 한다. 개업식 당일 시루떡이나 고기 등의 음식을 지역 내 사무실이나 상가에 돌리면 곧바로 효과가 나타난다.

점포가 동네 상권에 있다면 개업 날 홍보에 신경 써야 한다.

매장을 방문한 고객에게 상품권을 선물하는 것 또한 효과적인 판촉 방법이다.

4. 인터넷 활용하기

예전에는 주점을 따로 홍보하는 게 불필요했다. 인터넷을 보고 주점을 찾아오는 이들이 많지 않았기 때문이다. 하지만 최근에는 SNS나 블로그를 홍보 수단으로 사용하는 주점이 많아졌다. 분위기가 좋고 안주가 맛있는 주점을 적극 찾아다니는 이들이 그만큼 늘어서다. 블로그나 SNS로 점포를 홍보할 때는 오

손님들이 명함을 넣으면 추첨을 하는 명함 이벤트도 홍보 방법이다.

랜 시간 공을 들여서 활용할 필요가 있다. 사장이 평소 블로그나 SNS를 사용한다면 훨씬 도움이 된다.

5. 명함 이벤트

명함 이벤트는 주점에서 오래전부터 즐겨 사용해오던 홍보 방법이다. 매장을 찾는 손님들이 명함통에 명함을 넣으면 추첨일에 다양한 상품과 서비스를 제공한다. 명함 이벤트는 보통 개업 초기에는 3개월에 한 번씩 하는 게 좋고, 그 이후에는 분기별로 시행하는 것이 바람직하다.

    명함을 추첨할 때는 실제로 추첨하기보다는 충성도가 높거나 기대 매출이 높은 고객을 우선으로 추첨하는 게 좋다. 이벤트에 활용한 명함은 추첨이 끝나고 버리는 게 아니라 자료화해서 이벤트가 있을 때마다 문자나 이메일로 안내하고, 매장 홍보에 활용하는 게 좋다.

6. 쿠폰 카드 운영

주점을 운영하면서 매달 고객을 위해 일정 비용을 투자할 필요가 있다. 쿠폰 카드를 활용하는 것도 그 때문이다. 고객을 위한 쿠폰을 만들어 1회 방문 시 하나씩 도장을 찍어주고, 일정한 횟수가 차면 안주 서비스를 해주는 방법이다. 쿠폰 카드는 충성도 높은 VIP 고객을 만드는 데 유리하다.

쿠폰 카드는 충성도 높은 VIP 고객을 만드는 데 유리하다.

주점을 운영하려면 6개월을 버틸 수 있는 여유 자금이 필요하다.

손님이 늘어나는 장사 노하우

"장사가 잘되는데 왜 수입은 줄어드는지 모르겠어요."

주점을 창업한 후 시간이 흐르고 나름대로 입소문을 타서 매달 고정적인 매출이 발생했다. 누가 봐도 손님이 많고 장사가 잘되는데 정작 사장은 울상이다. 손에 쥐는 돈이 많지 않다는 얘기다.

창업 초반에는 시설 투자비용이 많고 메뉴를 짜고 연구하는 데 재료비가 많이 들어 순수익이 난다고 해도 재투자금액으로 활용되곤 한다. 하지만 다른 이유에서 순수익이 줄어들고 손해가 점점 늘어나는 경우도 있다. 1년 동안 장사를 잘해놓고도 운영자금이 없어서 망하는 가게가 여기에 속한다. 그 이유는 무엇일까?

　장사는 잘되는데 수중에 돈이 없다면 가장 먼저 인건비와 재료비를 점검해봐야 한다. 매장 규모에 비해 직원 수가 많지는 않은지, 불필요하게 활용되는 인력은 없는지 따져보자. '장사는 인건비 따먹기'라고 하는 말이 괜히 있는 게 아니다. 순수익이 적다면 이는 과다한 인건비가 원인인 경우가 많다.

　재료비에서 낭비되는 요인은 없는지도 살펴보자. 매장에서 소비되는 재료에 비해 재고가 지나치게 많지는 않은지, 버리는 재료는 없는지 살펴보고 재료비를 줄일 수 있는 항목을 찾아보는 것이다.

　장사가 안되는 날과 잘되는 날의 편차가 심하다면 원가분석을 다시 해보자. 주점을 운영하려면 6개월 정도는 장사가 안되더라도 버틸 수 있는 여유 자금이 반드시 필요하다. 초기 투자비용과 어느 정도 손님이 고정적으로 올 때까지 필요한 돈을 준비해두지 않으면 장사가 되더라도 재정적인 어려움이 생긴다. 예상한 만큼 장사가 안된다고 은행에 돈을 빌리면 상황이 더 위험해진다. 장사를 할지 말지 신중하게 판단해서 업종을 바꾸거나, 주점 운영에 필요한 재무 구조를 완전히 바꿔야 한다. 돈을 빌려서 위험을 피하려고 하는 것은 신중한 태도가 아니다.

　매출이 안정적이고 고객 수가 꾸준히 늘어난다면 순수익의 절반 정도는 고객에게 재투자해야 한다. 장사가 잘되는 주점은 수익을 더 좋은 재료를 구입하는 데 쓰거나 인테리어에 투자하는 경우가 많다. 그리고 남는 수익은 대출 이자를 갚아나가는 것이다.

고객을 상대로 영업할 때 모든 고객을 만족시키겠다는 생각은 하지 말자. 주점의 콘셉트가 무엇인지, 어떤 고객을 상대로 영업할 것인지 분명히 하지 않으면 안정적인 매출을 올리기 어렵다. 만약 한 가지 메뉴로 특화시키려고 한다면, 그 안주를 소비할 소비층이 누군지를 분명히 정하라. 이런 경우에도 모든 고객을 다 만족시키기란 불가능하다. 틈새시장을 노려서 핵심 고객층을 공략하라.

아이템과 고객의 궁합은 어떻게 알 수 있을까? 잘 되는 주점을 창업하는 이들 중에는 자신의 성향과 반대되는 아이템을 골라 성공하기도 한다. 창업에서 성공하려면 자신이 좋아하는 아이템을 선택하는 게 맞는 것 같지만, 오히려 잘 모르는 아이템을 선택하면 그 아이템의 숨겨진 장점을 발견하고 성공할 확

창/업/포/스/트/잇

벤치마킹의 조건
1. 모방할 만한 가치가 있다.
2. 성공 요인을 한 번에 하나씩 적용한다.
3. 성공 요인을 취사선택하여 활용한다.
4. 효과가 나타날 때까지 뚝심 있게 버틴다.

률이 높다는 얘기다. 예를 들어 매운 요리를 좋아하는 창업자라면, 느끼하고 담백한 메뉴에서 새로운 노하우를 발견할 수 있다. 영업하기에 적합하지 않은 성격이라면 손님 관리를 직원에게 맡기고 주방에만 집중하는 것도 방법이다.

고객을 만족시킨다는 건 가게를 찾는 손님이 그만큼 많아진다는 뜻이다. 한 마디로 충성고객을 얼마나 확보하느냐가 영업의 관건이다. 주점의 메뉴와 서비스에 만족한 사람이 그다음 번에도 매장을 찾아오거나 주변에 매장을 홍보해준다면 장사는 저절로 잘 될 수밖에 없다. 하지만 이러한 시스템을 만들기까지는 상당한 시행착오를 겪고 고생을 하기 마련이다.

메뉴 연구를 하라

오랫동안 살아남는 주점일수록 탄탄한 메뉴를 갖고 있다. 주점에서 술만 열심히 팔면 된다고 생각하면 오산이다. 주종에 어울리는 다양한 메뉴를 얼마나 확보하고 있느냐가 매출을 좌우하는 변수다. 흔히 착각하는 것 중 하나가 '주점을 하면 쉽게 돈을 벌 수 있다'는 것인데, 주점이야말로 여느 업종에 비해서 치열한 노력과 혁신 없이는 성공하기 어려운 업종이다.

음식 하나에도 소스 하나를 바꾸기 위해 수십 번의 실패를 거듭해야 한다. '왜 골치 아프게 메뉴 개발을 하지? 그러려면 차라리 프랜차이즈에 가맹하면 되잖아?'라고 생각하는 이도 있을 것이다. 하지만 프랜차이즈 가맹을 했을 때 본사에 지급하는 로열티에는 연구개발 비용도 포함돼 있다. 시스템이 갖춰진 프랜차이즈 회사일수록 그만큼 큰 비용을 투자해야 한다는 얘기다. 하지만 무엇이든 자기 손으로 하는 습관을 들이면 돈을 아낄 수 있다. 메뉴 개발의 경우에도 잘 되는 주점을 벤치마킹하면서 맛과 서비스 또한 벤치마킹하면 매장의 경쟁력이 오르게 돼 있다.

위기 때 도움을 주는 멘토를 만들어라

주점을 경영하다 보면 반드시 위기의 순간이 찾아온다. 이대로 주점을 계속 해야 할지, 혹은 업종을 바꿔서 재창업을 할지 고민이 될 때 누군가의 도움의 손길이 필요한 법. 이때 객관적인

창업에 조언해줄 만한 멘토가 있다면 좋다.

입장에서 창업에 조언해줄 만한 멘토가 있다면 좋다.

　주점을 경영하면서 인맥관리를 꾸준히 하는 이유도 이 때문이다. 특히 같은 업종에 종사하는 이들끼리 교류하는 것은 경영에도 큰 도움이 된다. 주점 사장들이 영업이 끝나고 함께 술을 마시는 이유도 정보 공유를 위해서다. 주점 사장들끼리 어울리다 보면 경영에 필요한 아이디어를 얻을 수 있고, 유용한 정보를 얻는 경우도 많다. 재료는 어디가 좋은지, 가게 매출은 어느 정도인지를 놓고 허심탄회하게 대화하다 보면 고민 해결에 도움이 될 만한 정보를 얻기도 한다.

　마땅한 인맥이 없는 사장이라면 인맥을 넓힐 만한 기회를 활용하면 된다. 요식업협회에서 진행하는 세미나에 참여하거나 창업 관련 기관의 외식경영자 수업을 듣는 것도 좋다. 주점 업종에 종사하는 이들이 아니어도 좋다. 여러 업종에 종사하는 이들과 인맥을 쌓다 보면 자신이 어려울 때 조언을 해줄 수 있는 전문가 그룹을 폭넓게 만들 수 있다.

왕초보 사장을 위한 창업 노하우

사업자가 반드시 알아야 할 세무 노하우

주점에서 내야 할 세금으로는 소득세와 부가가치세가 있다. 소득세는 경제활동으로 얻은 소득에 붙는 세금이며 부가가치세는 모든 영업 활동에 따라붙는 기본 세금이다. 부가가치세는 사업자가 부담하는 게 아니라 소비자가 부담한다. 술과 안주를 판매한 금액에 10%의 부가가치를 더해 가격을 매긴다. 쉽게 말해 주점 사업자가 소비자를 대신해 국가에 내는 세금인 셈이다. 일반적으로 연매출액이 4800만 원 이상이면 일반과세자로 분류하며, 4800만 원 미만일 경우 간이과세자로 분류한다.

간이과세자는 부가가치세가 적다?

일반과세자는 매출액의 10% 세율이 적용되며 매입세금계산서상의 부가가치세액 전액을 공제받을 수 있다. 반면 간이과세자는 매출액의 4% 세율이 적용되며 매입세금계산서상 부담한 부가가치세액의 40%만을 공제받을 수 있다.

창업비용이 많다면 일반과세자 등록이 유리하다?

창업할 때 간이과세자로 등록할지, 일반과세자로 등록할지 망설여진다면 창업에 들어간 비용을 따져보자. 일반과세자의 경우 부가가치세 환급세액이 발생하면 전액 환급되지만 간이과세자는 환급세액이 발생하더라도 이미 납부한 부가가치세는 환급해주지 않는다. 이 때문에 창업비용이 많이 들었고 관련 비용에 대해 세금계산서를 받았다면 간이과세자로 혜택을 받더라도, 일반과세자로 등록해 부가가치세를 환급받는 게 훨씬 유리하다.

핵 / 심 / 포 / 인 / 트 / 요 / 약

1. 안주가 단순히 보조 메뉴라고 생각하면 착각이다. 안주는 그 자체만으로도 경쟁력을 갖추어 술과 함께 시너지 효과를 낼 수 있어야 한다. 특히 주점의 특색에 맞는 차별화된 안주 메뉴는 반드시 필요하다. 주점이 일반 음식점과 다른 이유는 다양한 안주를 제공할 수 있다는 점 때문이다. 한 가지 대표 안주만으로 승부하는 건 위험한 발상이지만, 매장을 대표하는 네다섯 가지 종류의 안주는 반드시 필요하다.

2. 장사는 잘되는데 수중에 돈이 없다면 가장 먼저 인건비와 재료비를 점검해봐야 한다. 매장 규모에 비해 직원 수가 많지는 않은지, 불필요하게 활용되는 인력은 없는지 따져보자. '장사는 인건비 따먹기'라고 하는 말이 괜히 있는 게 아니다. 순수익이 적다면 이는 과다한 인건비가 원인인 경우가 많다.

5000만 원으로 트렌디한
주점&BAR 창업하기

1판 1쇄 인쇄 | 2014년 10월 10일
1판 1쇄 발행 | 2014년 10월 15일

지은이 한국창업컨텐츠연구소(KSCP)
펴낸이 김기옥

프로젝트 디렉터 기획1팀 모민원, 권오준
영업 박진모
경영지원 고광현, 이봉주, 김형식, 임민진

디자인 네오북
인쇄 서정문화인쇄 | **제본** 서정바인텍

펴낸곳 한스미디어(한즈미디어(주))
주소 우편번호 121-839 서울특별시 마포구 양화로 11길 13 (서교동, 강원빌딩5층)
전화 02-707-0337 | **팩스** 02-707-0198 | **홈페이지** www.hansmedia.com
출판신고번호 제 313-2003-227호 | **신고일자** 2003년 6월 25일

ISBN 978-89-5975-748-0 13320

책값은 뒤표지에 있습니다.
잘못 만들어진 책은 구입하신 서점에서 교환해 드립니다.